Beate Ralston

Meerschweinchen

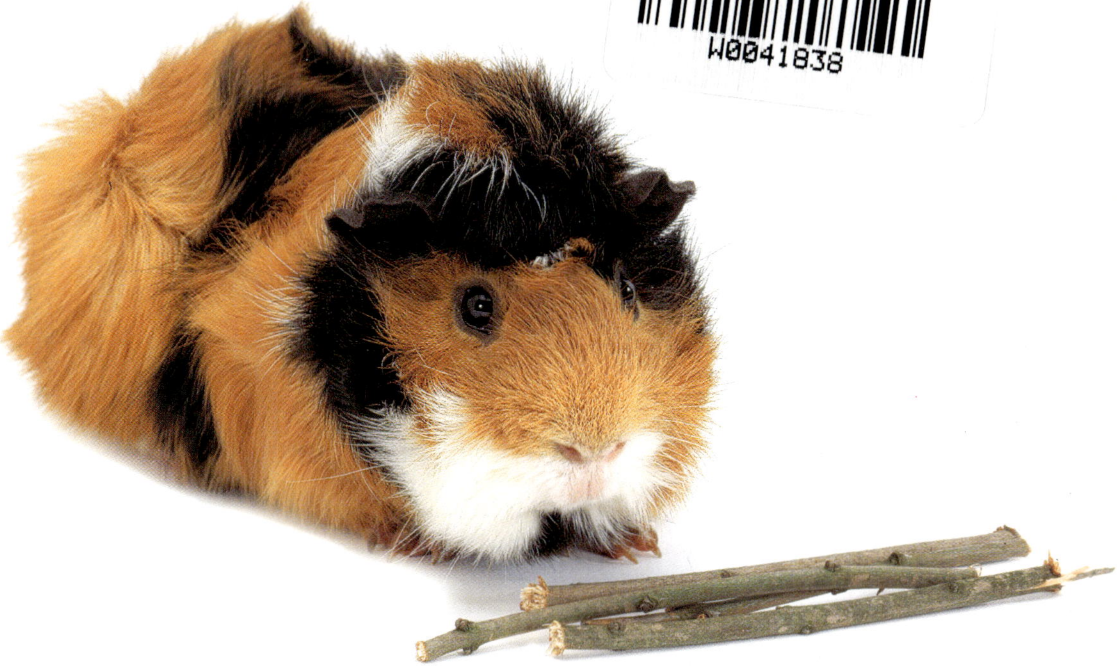

Natur Buch
VERLAG

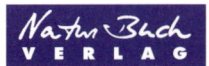

INHALT

DAS MEERSCHWEINCHEN KENNENLERNEN

Die geselligen Meerschweinchen sind in den letzten Jahren zu immer beliebteren Hausgenossen geworden. Die gutmütigen und doch pfiffigen Tiere sind nicht nur für Kinder geeignete Gefährten, sondern auch für erwachsene und ältere Menschen zu einer Bereicherung des Alltags geworden.

An die liebenswerten Südamerikaner wird jeder, der sich mit ihnen beschäftigt, schnell sein Herz verlieren.

Ihre steigende Beliebtheit mag darauf zurückzuführen sein, daß sie in jeder Wohnung problemlos gehalten werden können, relativ schnell zahm werden, auch mal allein bleiben können und durch ihr Kontaktbedürfnis, ihre Geselligkeit und ihr vielseitiges Lautrepertoire „ihrem" Menschen viel Freude bringen. Begrüßenswerterweise ist auch das Interesse an der richtigen Haltung und dem Umgang mit Meerschweinchen gestiegen, so daß zu hoffen ist, daß der Erwerb als bloßes „Kinder-Einsteigetier" bald ganz der Vergangenheit angehört.

Zu den Verwandten der Meer-schweinchen zählen das Wiesel- und das Felsenmeerschweinchen (Moko) sowie so anders anmutende Tiere wie der hier abgebildete Pampashase (Große Mara).

Die Heimat der Meerschweinchen

In ihrer ursprünglichen Heimat Südamerika kommen auch heute noch Meerschweinchen wild in den Busch-steppen und Hochebenen der Anden, bis in eine Höhe von 4 200 m, vor. In kleinen Gruppen zu 5 bis 15 Tieren leben sie in Erdbauten, die sie im Normalfall nicht selbst graben. Die Wildform (Cavia aperea), von der das Hausmeerschweinchen (Cavia porcellus) abstammt, ist im Vergleich zu diesem kleiner, schlanker und lang-beiniger, außerdem dämmerungs- und nachtaktiv. Zoo-logisch gehören Meerschweinchen aufgrund ihres typi-schen Nagergebisses mit den wurzellosen, ständig nach-wachsenden Zähnen zur Ordnung der Nagetiere.

„Hey Kinder, ich bin Sancho Panza! Warum man uns Meerschweinchen nennt, werde ich wohl nie her-ausfinden, denn mit einem Schwein haben wir weniger gemeinsam als ihr Menschen!"

Auch das größte Nagetier über-haupt, das Wasserschwein, ist mit unseren Meerschweinchen verwandt.

Rosettenmeerschweinchen Satin slate blue – gold schimmel.

Sheltie buff.

Merino cinnamonagouti – weiß.

Die Schweinchen, die übers Meer kamen

Bereits vor mehreren tausend Jahren hielten die Inkas Meerschweinchen als Haustiere, hauptsächlich als Fleischlieferanten und Opfertiere. Nach der Entdeckung Amerikas brachten spanische Eroberer im 16. Jahrhundert die Nager nach Europa. Aus dieser Zeit stammt die erste Beschreibung des „Indischen Schweinchens". In der Annahme, daß Kolumbus einen Seeweg nach Indien entdeckt hatte, nannten die Spanier das Tier „Conejillo de Indias" – „kleines Kaninchen aus Indien". Aus einer späteren Zeit, um 1670, ist überliefert, daß Kaufleute die Nager nach Holland einführten, unter anderem wohl als Handelsobjekte, die sich zunächst nur wohlhabende Leute leisten konnten. Damals kostete ein Meerschweinchen eine Guinee, was sich in seinem englischen Namen „guinea pig" niederschlug.

Die possierlichen Tiere verbreiteten sich nicht zuletzt aufgrund ihrer raschen Vermehrung sehr schnell in Europa und gehören heute zu den beliebtesten Heimtieren. Leider hatten ihre Gutmütigkeit, relativ anspruchslose Haltung und schnelle Vermehrung auch eine andere Seite zur Folge: Die Entdeckung als geeignetes Versuchstier, das in zahllosen pharmazeutischen und kosmetischen Laborversuchen sein Leben lassen mußte und immer noch muß. Die Bezeichnung „guinea pig" steht seitdem auch für „Versuchskaninchen" und wird heute im angelsächsischen Sprachraum meist durch „Cavy" ersetzt.

Kleine Rassenkunde

Die einzelnen Rassen beim Meerschweinchen unterscheiden sich in Fellstruktur und Haarfarbe. Schon die Indios kannten Rosettenmeerschweinchen und bevorzugten bestimmte Farbvarianten, besonders braungescheckte Tiere. Nachdem Meerschweinchen in

Europa Fuß gefaßt hatten, wurde besonders in Großbritannien und den Niederlanden ihre Zucht für viele zum Hobby; deutsche Züchter übernahmen ihre Rassestandards größtenteils aus diesen Ländern. Auf alle Rassen soll an dieser Stelle nicht eingegangen werden, daher hier nur kurz die wichtigsten Unterschiede nach der Fellstruktur:

- *Glatthaar* (Englisches Meerschweinchen) Kurzes, dicht anliegendes Fell ohne Wirbel
- *Satin* Intensiv glänzendes Fell
- *Rosettenmeerschweinchen* (Abessinisches Meerschweinchen) 8–10 Rosetten (Wirbel) über den ganzen Körper verteilt
- *Schopfmeerschweinchen* (Britisch oder Amerikanisch Crested) Glatthaar mit einem Haarwirbel (Schopf) auf der Stirn
- *Sheltie* (Peruanisches Seidentier) Glattes, bis 45 cm langes Fell, ohne Wirbel und ohne Scheitel, am Kopf kürzere Haare
- *Angorameerschweinchen* (Peruaner) Bis 45 cm langes Fell, Mittelscheitel, ein Haarwirbel am Kopf und zwei am Hinterteil
- *Texel* Langhaar, ohne Wirbel, am Kopf kürzere Haare, gelocktes und gewelltes Fell
- *Rex* Kurzes, dicht gelocktes Fell, abstehende Haare

Innerhalb dieser Rassen sind jeweils bestimmte Farbvariationen zugelassen, wie Aguti, einfarbig, Schildpatt, Brindel, Russe, Buff u. a. Näher beschrieben werden diese in der diesbezüglichen Fachliteratur.

Schopfmeerschweinchen rot-weiß.

Glatthaar silberagouti – weiß/ Schopfmeerschweinchen slate blue – gold argente/Sheltie Satin cremeagouti – creme (von links nach rechts).

WICHTIGE FRAGEN VORAB

Die Verantwortung für ein Haustier beginnt schon vor dem Erwerb, indem Sie sich Gedanken darüber machen, ob Sie ihm ein artgerechtes Umfeld bieten können und selbst als „Schweinchenhalter" geeignet sind.

Paßt das Meerschweinchen zu mir?

Mit der Anschaffung eines Meerschweinchens übernehmen Sie über eine lange Zeit große Verantwortung für ein Lebewesen, das durchschnittlich fünf bis acht Jahre alt wird. Ein Meerschweinchen, das „nur" drei Jahre alt wurde, kann ein schönes Leben in artgerechter Umgebung verbracht haben, andererseits gibt es auch Methusalems mit zehn bis elf Jahren. Da ist es klar, daß der Kauf des neuen Hausgenossen wohl überlegt sein will. Von Spontankäufen oder dem Verschenken eines lebendigen Tieres ist dringend abzuraten! Diese im Vorbeigehen gekauften oder unter dem Weihnachtsbaum liegenden „Überraschungen" landen häufig im Tierheim oder, schlimmer, werden einfach ausgesetzt. Sich vorher Gedanken zu machen gibt Ihnen Gelegenheit, mit der Haltung von Meerschweinchen vertraut zu werden, und den Tieren kann es nur nutzen.

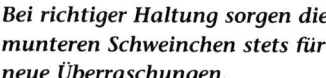

Bei richtiger Haltung sorgen die munteren Schweinchen stets für neue Überraschungen.

Allergie auf Tierhaare

Das Meerschweinchen ist eines der Tiere, welche die meisten Allergien auslösen. Sie sollten, vor allem wenn Sie unter Heuschnupfen leiden oder schon eine Allergie haben, beim Arzt einen Allergietest machen lassen oder selbst nachprüfen, ob Sie empfindlich sind: Entweder Sie nehmen für eine Weile ein Meerschweinchen in Pflege oder Sie besorgen sich einige Meerschweinchenhaare und kleben sie für ein paar Tage mit Leukoplast auf den Unterarm, ein Test, der durchaus zuverlässig ist.

Das „ideale" Kindertier?

Meerschweinchen werden meist als ideales Kindertier bezeichnet, da sie gesellig und tagaktiv sind, gern gestreichelt werden und im Normalfall weder kratzen noch beißen. Gerade wegen ihrer Duldsamkeit aber können sie leicht unabsichtlich gequält werden. Kindern muß klar sein, daß ein Meerschweinchen kein Spielzeug und kein Plüschtier ist, dem es nichts ausmacht, wenn es mal herunterfällt oder unbeachtet bleibt. Durch ein Haustier lernen Kinder Verantwortung zu übernehmen, als Eltern sind Sie aber immer die Hauptverantwortlichen. Geeignet sind Meerschweinchen als Streichel- und Pflegetiere für Kinder ab sieben bis acht Jahren (siehe Seite 56).

Zusammenleben mit anderen Tieren

Die gutmütigen Meerschweinchen vertragen sich im Grunde mit den meisten anderen Haustieren, aber im umgekehrten Fall kann es Probleme geben. Mit eigenen Artgenossen können (und sollten) sie problemlos zusammengehalten werden (siehe Seiten 13 und 55).

Hund/Katze
Hunde und Meerschweinchen gewöhnen sich gut aneinander, sollten aber nie unbeaufsichtigt zusammen

Ob Hund oder Meerschweinchen – hier können dicke Freundschaften entstehen.

Tip!

Schenken Sie, wenn der Wunsch nach einem Tier laut wird, doch ein Buch und einen Gutschein, z. B. für Käfig, Zubehör usw.

Auch der eigenen Katze sehen Sie nicht unbedingt an, ob sie die kleinen Nager nicht doch für große Mäuse hält!

sein, denn ein rennendes Meerschweinchen ist für viele Hunde eine Aufforderung zur Jagd. Dieser Beutefangreflex ist bei Katzen noch viel stärker ausgebildet, daher sollte Vorsorge getroffen werden, Jäger und Beute zu trennen. Beim Freilauf kann eine Katze nur im Ausnahmefall ohne Probleme zugegen sein, auch wenn sie die Nager sonst vielleicht nur wenig beachtet.

Kleinnager

Hamster sind Einzelgänger und sollten als solche gehalten werden. Sind andere Kleinnager im selben Käfig mit Meerschweinchen, werden letztere oft tyrannisiert. Von diesen „Wohngemeinschaften" ist daher abzuraten.

Kaninchen

Die Haltung eines Meerschweinchens zusammen mit einem Zwergkaninchen ist schon fast klassisch. Besonders, wenn sie als Jungtiere zusammenkommen, klappt diese Freundschaft sehr gut. Es gibt Ausnahmen, in denen das Kaninchen seinen Partner angreift und empfindlich tritt, die aber selten sind.

Vögel

Wellensittiche und Kanarienvögel sind problemlos hinsichtlich der gemeinsamen Haltung, höchstens stibitzen sie den Meerschweinchen das Futter. Es sind Fälle bekannt, in denen sich Meerschweinchen und Wellensittich sogar eng angefreundet haben, diese „Notgemeinschaft" ersetzt jedoch nicht die eigene Art. Papageien und große Sittiche können ein Meerschweinchen aus Eifersucht mit ihrem Schnabel schwer verletzen, außerdem gehen laute Vögel dem empfindlichen Gehör der Nager „auf die Nerven".

Andere Tiere

Bei Reptilien (wenn es nicht gerade eine Riesenschlange ist) ist keine Konfrontation zu erwarten. Chinchillas können, müssen aber nicht friedlich mit Meerschweinchen zusammenleben. Frettchen sind natürliche Feinde der Nager!

Eigene Gewohnheiten

Rauchen Sie gerne und viel? Dann sind Sie nicht der geeignete Meerschweinchenhalter. Zigarettenrauch ist seinem ausgezeichneten Geruchssinn unangenehm und es kann ihm nicht entfliehen.

Hören Sie *laute Musik*? Dann müssen Sie sicherstellen, daß diese am Käfig nur noch dezent zu vernehmen ist. Wird bei Ihnen jedes Staubkorn sofort entfernt? Als *Reinlichkeitsfanatiker* werden Sie mit Meerschweinchen nicht glücklich. Nicht, daß sie keine sauberen Tiere wären, aber beim Herumturnen fliegen oft die Späne um den Käfig, und beim Auslauf bleiben trotz „Stubenreinheit" (siehe Seite 22) immer ein paar Kügelchen zurück. All das fordert eine gewisse Toleranz Ihrerseits. Übrigens hält sich der Geruch bei regelmäßiger Käfigreinigung auch im Sommer in Grenzen.

Zeitbedarf

Falls Sie, was das artgerechteste wäre, zwei oder mehr Meerschweinchen haben, benötigen Sie im Grunde nicht viel Zeit. Eine Stunde am Tag für Auslauf und Beschäftigung reicht aus, wobei die geselligen Tiere natürlich auch mehr Ansprache begrüßen. Zusätzlich müssen Sie zum Füttern und Käfigsäubern Zeit einkalkulieren. Wichtig ist die Überlegung „Wohin im Urlaub", bevor Sie sich für ein Haustier entschließen (siehe Seite 26).

Kostenaufwand

Der geringe Kaufpreis für ein Meerschweinchen ist für viele Preisgrundlage für den *Käfig*. Lassen Sie sich nicht täuschen, ein genügend großer Käfig (siehe Seite 17) kostet das Mehrfache seiner Bewohner, und gerade hier sollte nicht gespart werden. Andere einmalige Kosten fallen für die Anschaffung des *Zubehörs* an. Regelmäßige Kosten für *Einstreu* und *Futter* sind auch bei guter Qualität nicht hoch. Bitte berücksichtigen Sie auch eventuelle *Tierarztkosten*!

Tip!

Ein Meerschweinchen-Sparschwein anlegen hilft, nicht alltägliche Kosten abzudecken. Dazu gehören beispielsweise Kosten für neues Zubehör, besondere Leckerbissen und vor allem Tierarzt- und Urlaubskosten für den Pflegeplatz.

Gemütliche Runde – die sozialen Tiere brauchen den Kontakt zu ihren Artgenossen.

Mietwohnung

Da Meerschweinchen schwerlich andere Mieter belästigen und die Beschädigung der Mietsache bei normaler Haltung, wenn überhaupt, minimal ist, dürfen sie als Heimtier in jeder Wohnung gehalten werden, ohne daß eine Genehmigung nötig ist, es sei denn, Sie wollen gewerbsmäßig züchten.

Auswahl

Sie haben sich also für Meerschweinchen entschieden und festgestellt, daß nichts gegen eine Haltung spricht. Was ist nun bei der Auswahl zu beachten?

Welche Rasse?

Ob Sie nun ein Rassemeerschweinchen ins Haus holen oder ein sogenanntes Hausmeerschweinchen – liebenswert sind sie alle. Die Farbe wird oft als Auswahlkriterium benützt. Wichtiger wäre es, hervorstechende Charaktermerkmale, soweit sichtbar, dafür heranzuziehen. Bei der Auswahl sich einfach Zeit zu nehmen und die Tiere zu beobachten kann dabei sehr nützlich sein. Von Meerschweinchen mit extrem langen Haaren ist abzuraten, zumindest sollten die Haare gekürzt werden. Langhaare benötigen immer sorgfältige und regelmäßige Fellpflege (siehe Seite 39).

Tip!

Da die Kastration des Weibchens sehr schwierig ist, wird normalerweise das Männchen operiert, was es in der Regel gut übersteht. Es muß aber gesagt werden, daß die Operation schwieriger und risikoreicher ist als z. B. beim Kater. Zu beachten ist außerdem, daß der Bock noch einige Wochen nachher zeugungsfähig ist.

Ein oder mehr Schweinchen?

Mehr! Als Rudeltiere sollten Meerschweinchen immer mindestens zu zweien gehalten werden. Einzeltiere schließen sich zwar schneller an den Menschen an, was für Kinder wichtig sein kann. Durch sein ausgeprägtes Sozialbedürfnis braucht ein einzelnes Meerschweinchen aber eine intensive Betreuung, die der Mensch ihm meist nicht bieten kann. Zwei oder mehr Schweinchen werden im übrigen genauso handzahm wie eines.

Männchen oder Weibchen?

Männchen sind in der Regel größer und schwerer als *Weibchen* und können mit Eintritt der Geschlechtsreife (ca. 8 Wochen) einen strengeren Geruch entwickeln. Wenn sie kastriert werden, verschwindet dieser meist. Weibchen werden mit 5–6 Wochen geschlechtsreif, und es kann passieren, daß Sie ein bereits trächtiges Tier erwerben (siehe Seite 27).

Zwei oder mehr Weibchen gehen im allgemeinen friedfertig miteinander um. Bei *mehreren Männchen* dagegen kommt es schon einmal zu heftigeren Kämpfen, was durch eine Kastration (siehe Seite 12) meist verhindert werden kann. Manchmal reicht es für ein friedliches Zusammenleben aus, wenn sie als Jungtiere zusammen waren und keinen Kontakt zu Weibchen haben.

Falls Sie ein *Paar* erwerben, bedenken Sie bitte, daß aus zwei Meerschweinchen sehr schnell mehr werden, und lassen den Bock besser kastrieren.

Wie alt?

Ab einem Alter von ca. 1/2 Jahr sind Meerschweinchen soweit ausgewachsen, daß das Alter kaum mehr zu bestimmen ist. Ideal ist es daher, ein Jungtier zwischen 6 Wochen und 6 Monaten zu erwerben, wenngleich das Alter prinzipiell keine große Rolle spielt. Falls Sie schon ein Meerschweinchen haben, ist es leichter, ein junges einzugewöhnen als ein älteres (siehe Seite 55).

Wichtig!

Wenn Sie viel außer Haus sind, sollten Sie auf jeden Fall mindestens zwei Meerschweinchen halten – dann fühlen sich Ihre Lieblinge richtig wohl!

Geschlechtsbestimmung: Wenn Sie mit dem Zeigefinger mit sanftem Druck über den Unterbauch abwärtsfahren, ist beim Männchen der Penis, evtl. die Hoden zu sehen, beim Weibchen ein y-förmiger Spalt bis zur Afteröffnung.

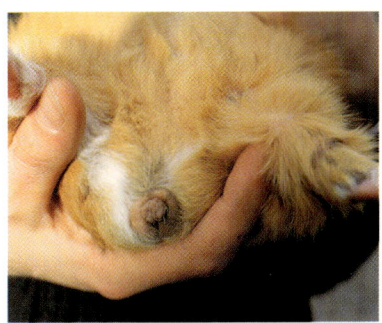

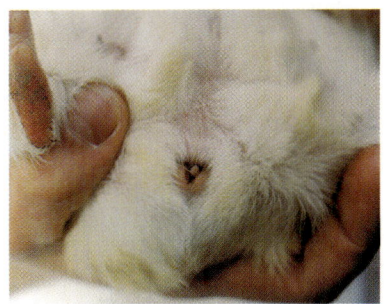

Gesundheits-checkliste

Verhalten	aufmerksam, schnelle Reaktion, spielt mit Artgenossen, sitzt nicht teilnahmslos alleine in einer Ecke
Augen	klar, glänzend, ohne Ausfluß
Ohren	sauber
Nase	sauber, trocken, ohne Ausfluß, kein Schnupfen
Zähne	keine Fehlstellungen, nicht zu lang (siehe Seite 40)
Fell	sauber, dicht, kein Juckreiz, ohne Borken und Krusten, ohne kahle Stellen (haarlose Stellen hinter den Ohren und an der Unterseite der Füße sind normal!)
Bauch	weich, nicht verspannt oder aufgebläht
Afterregion	sauber, ohne Verklebungen (Durchfall!)
Beine	keine Lahmheit, Unterseite der Füße sauber
Krallen	nicht zu lang (siehe Seite 41)

Woher?

Tierheim: Eine empfehlenswerte Möglichkeit, Meerschweinchen verschiedener Rassen und jeden Alters zu finden, die sich über einen guten Platz freuen, meist zahm und normalerweise tierärztlich untersucht sind. Da in den letzten Jahren die Zahl der im Tierheim abgegebenen Meerschweinchen bedauerlicherweise um ein Vielfaches gestiegen ist, werden Sie bestimmt bald fündig.

Privat: Oft findet sich im Tiermarkt der Zeitung das eine oder andere Meerschweinchen. Sie sollten sich vor dem Erwerb die Haltung ansehen. Extrem scheue Tiere wurden wahrscheinlich falsch behandelt und brauchen viel Geduld.

Züchter: Für besondere Wünsche bzw. wenn Sie ein Rassemeerschweinchen haben wollen, ist der Gang zum Züchter empfehlenswert (Adressen siehe Seite 61). Meerschweinchen, die nicht aus Massenzuchten kommen, sondern mit „Familienanschluß" leben, werden meistens schneller zahm und haben weniger Gesundheitsprobleme.

Zoogeschäft: Einen guten Zoohändler erkennen Sie daran, daß die Tiere Platz, einen sauberen Käfig und Futternapf sowie eine Tränke haben (es gibt immer noch Zoohändler, die glauben, daß Wasser schädlich sei!). Der Verkäufer sollte Ihnen über die Haltung der Meerschweinchen Auskunft geben können.

Gesundheitscheck

Haben Sie ein Meerschweinchen ins Auge gefaßt, dann sollten Sie anhand der nebenstehenden Checkliste auf jeden Fall seine Gesundheit prüfen. Bei kranken Tieren, besonders wenn sie Schnupfen oder Durchfall haben, ist es empfehlenswert, sie nicht aus demselben Bestand zu nehmen, da diese Krankheiten sehr ansteckend sein können.

Hochnehmen und Tragen

Bevor Sie ein Meerschweinchen hochheben, sprechen Sie es kurz an und streicheln es sanft, das nimmt ihm die erste Scheu. Sie nehmen es, indem Sie mit einer Hand von der Seite unter die Brust fassen und mit der zweiten beim Anheben das Hinterteil stützen. Niemals an den Beinen oder am Nackenfell hochheben oder mit beiden Händen, womöglich mit festem Druck, um den Bauch fassen! Kinder tragen ein Meerschweinchen am besten mit beiden Händen an die Brust gehalten, ansonsten kann es auch auf dem Unterarm sitzen, immer aber müssen Sie es vor einem Sturz schützen.

Transport

Ein Karton mit Luftlöchern, der mit Zellstoff oder Tüchern ausgelegt wird, ist gut geeignet für den Heimtransport, vorausgesetzt dieser dauert nicht mehrere Stunden. Dann ist es besser, sich einen Transportkorb oder eine Transportbox zuzulegen, die nicht vom Urin durchweicht werden kann. Selbstverständlich darf ein Tier nicht im geschlossenen Kofferraum transportiert werden (im Sommer Hitzestau!), und es sollte der kürzeste Heimweg gewählt werden.

Das richtige Hochnehmen.

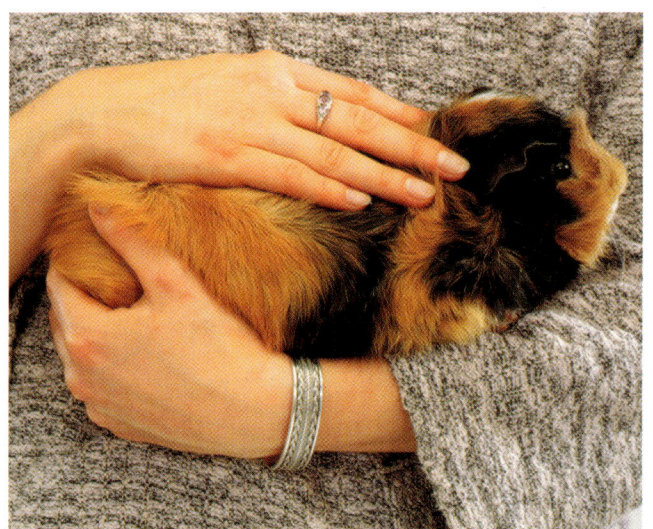

Am Körper gehalten oder auf dem Arm sitzend fühlt sich Ihr Meerschweinchen geborgen.

Wichtig!

Nicht einfach auf dem Arm transportieren oder frei im Auto laufen lassen. Ein Meerschweinchen unter dem Bremspedal kann verheerende Folgen haben!

HALTUNG UND PFLEGE

Meerschweinchen stellen keine komplizierten Ansprüche, haben jedoch das Recht auf eine möglichst art- und verhaltensgerechte Haltung, eine gesunde Ernährung und liebevolle Pflege, die sie Ihnen mit ihrem munteren, zutraulichen Wesen danken werden.

Richtige Haltung

Meerschweinchen sind ausgesprochen bewegungsfreudige Tiere, die Platz nicht nur zum Fressen und Schlafen, sondern zur Erkundung, Futtersuche, zum Markieren, Verstecken und Spielen brauchen.

Erste Eingewöhnung

Im neuen Zuhause sollten bei der Ankunft der Bewohner bereits Einstreu, Heu, Wasser und etwas Futter vorhanden sein. Anfangs ist es besser, kein Häuschen in den Käfig zu stellen, da sich die scheuen Tiere erst einmal darin verstecken und langsamer zahm werden. Statt dessen sollten Sie einen Heu- oder Strohhaufen anbieten, in dem sie sich zwar verbergen,

Neugierig und doch jederzeit fluchtbereit.

Aus seinem sicheren Versteck beobachtet der neue Hausgenosse vorsichtig die fremde Umgebung.

aber nicht ganz von ihrer Umgebung abkapseln können. Zunächst wird die Transportkiste in den Stall gestellt und geöffnet – warten Sie, bis die Meerschweinchen von selbst herauskommen. Lassen Sie ihnen Zeit, damit sie langsam Zutrauen gewinnen können, reden Sie mit ihnen und gehen Sie sanft und ruhig mit ihnen um. Manche Meerschweinchen sind in wenigen Tagen bereits handzahm, andere brauchen ein paar Wochen, um Zutrauen zu gewinnen – Geduld, es lohnt sich! (siehe Seite 54).

Ein großer Käfig

Für den Käfig gilt: je größer, desto besser! Gehen Sie ruhig mit Maßstab einkaufen – die *Grundmaße* für ein Meerschweinchen sollten mindestens 80 × 50 × 45 cm betragen, für zwei mindestens 20 cm mehr in der Länge. Die Wanne sollte hoch genug sein (12–15 cm), damit die Einstreu nicht so leicht herausfliegt, wenn die Meerschweinchen darin herumtoben.

Gut geeignet ist ein *Gitterkäfig*, der von oben oder seitlich geöffnet werden kann. Käfige aus Vollkunststoff, die rundherum geschlossen sind, haben vielleicht den Vorteil, daß keine Streu herumfliegt – für die Tiere besitzen sie fast nur Nachteile: schlechter Luftaustausch, Aufheizung bei Sonneneinstrahlung, eingeschränkte Kontaktmöglichkeit, außerdem lassen sich Raufe, Tränke und Leckstein schlecht befestigen.

„Du wunderst Dich vielleicht, wenn ich mich in der ersten Zeit vor Dir verstecke und am liebsten wegrenne – das ist mein natürlicher Fluchttrieb, ich weiß ja noch nicht, ob ich Dir vertrauen kann."

Rundlich ja, langsam nein – die flinken Nager sind erstaunlich schnell und wendig.

Für Tüftler mag es eine Herausforderung sein, den *Käfig selbst zu bauen* – einen „Grundplan" finden Sie in der nachstehenden Skizze. Als Material für die Seitenteile eignen sich Sperrholzplatten, umleimte oder kunststoffbeschichtete Spanplatten oder Regalbretter. Wenn Sie eingelassenes Holz verwenden, muß die Farbe für Tiere unschädlich sein! Für die Bodenplatte, falls Sie keine Bodenwanne aus Metall verwenden, bewährt sich spezielles Schiffsbausperrholz, die Fugen werden mit geruchsneutralem Silikon versiegelt. Der untere Rand sollte auch hier 15 cm hoch sein, als Gitter wird Maschendraht mit einer Maschengröße von höchstens 1,5 bis 2 cm verwendet, der leicht angetackert werden kann.

Eine Abdeckung ist nicht unbedingt nötig, da Meerschweinchen nur in absoluten Ausnahmefällen sprin-

„Grundmodell" für den Eigenbau

1 Umleimte/kunststoffbeschichtete Spanplatten oder Holzbretter, an den Ecken Kanthölzer, verschraubt; Fugen: geruchsneutrales Silikon
2 Boden aus wasserabweisendem Schiffsbausperrholz
3 Maschendraht (1,5–2 cm Maschenweite), außen angetackert
4 Obere Abdeckung: nötig, wenn z.B. Katze im Haus lebt, ansonsten nicht (Meerschweinchen klettern und springen äußerst selten)
5 Zweite Ebene: zwischen an der Rückwand angeschraubte Winkel geschobenes Brett, unten durch ein weiteres abgestützt, herausnehmbar zur besseren Reinigung (Stabilität!)

Variationsmöglichkeiten: Vorne/seitlich Türe einbauen; Auslauf außen anschließen; auf der zweiten Ebene Häuschen befestigen

gen und nicht klettern. In einem solchen Käfig kann Zubehör gut angebracht werden, und Ausbaumöglichkeiten sind genügend vorhanden, Sie können auf diese Weise sogar ein ganzes Zimmergehege bauen. Eine zweite Etage in ca. 15 cm Höhe wird immer gern als Versteck und Ausguck begrüßt und kann mit einigen Platten und Brettern auch im handelsüblichen Gitterkäfig eingebaut werden.

Zubehör

Eine *Höhle* als Versteck: Auf lateinisch heißt das Meerschweinchen nicht ohne Grund „Höhlenschweinchen". Als Fluchttier (siehe Seite 51) braucht es für Ruhepausen und als Sichtschutz ein Versteck, das ihm die Geborgenheit der Höhle vermittelt. Häuschen gibt es in Kunststoff (ohne Boden!, auf genügend großen Einstieg achten) oder in Holz. Letzteres muß ab und zu erneuert werden, Meerschweinchen sind jedoch keine „Zerstörer", die jedes Holzhaus gleich in Stücke nagen. Bei mehreren Meerschweinchen ist ein Haus mit zwei Schlupflöchern vorteilhaft, da so das rangniedere dem ranghöheren aus dem Weg gehen kann.

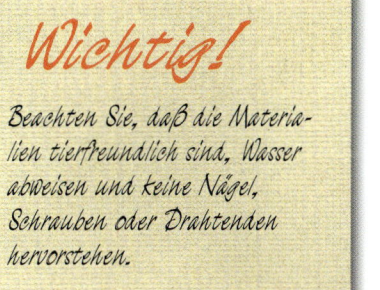

Wichtig!

Beachten Sie, daß die Materialien tierfreundlich sind, Wasser abweisen und keine Nägel, Schrauben oder Drahtenden hervorstehen.

Ein hohler Baumstamm oder eine zweite Käfigetage geben ebenso gute Höhlen ab.

Oben Ausguck, unten Höhle und ein Stein für die Krallen – eine Möglichkeit der „Möblierung". Wichtig: auf Stabilität achten!

Die *Einstreu*: Eine dicke Schicht Zeitungspapier als Unterlage und darüber biologische Kleintierstreu (mehrere cm dick) reicht erfahrungsgemäß als Einstreu aus. Katzenstreu ist ungeeignet, Torf klebt und ist zuweilen pilzhaltig und Hobelspäne vom Tischler belasten durch ihren hohen Holzstaubgehalt die Atemwege. Stroh zum Verstecken und Knabbern sollte nicht fehlen und macht den Käfig interessanter.

Eine oder zwei *Heuraufen*, ein stabiler *Futternapf* und eine *Nippeltränke* (siehe Seiten 31 und 36) ergänzen die Grundausstattung.

Der richtige Futternapf: Groß genug für zwei, und schwer genug, damit er auch stehen bleibt.

Ein gut eingerichteter Käfig, der für zwei Meerschweinchen allerdings noch etwas größer sein dürfte.

Gefahren im Haus:

Kabel (auch Telefonkabel)	hochlegen oder umhüllen, Stecker ziehen
Giftige Pflanzen (siehe Seite 22)	außer Reichweite stellen
Gieß-, Putzwasser, Putzmittel	entfernen
Türen	vorsichtig öffnen und schließen, offene Türen sichern
Sturzgefahr	Meerschweinchen nicht z. B. auf den Tisch setzen
Elektrogeräte, Feuer, Kerzen	nicht in Schweinchennähe
Schlupfwinkel	zustellen

Extras: Keineswegs zu vernachlässigen ist der Nutzen von Holzscheiten, Wurzeln, einem flachen Stein, Ziegel oder Ytong für die Krallenabnützung (siehe Seite 41). Ein auf die Seite gelegter Blumentopf dient als Versteck und Ausguck. Das soll aber nicht dazu führen, daß der Käfig zur Hindernisbahn wird, Meerschweinchen sind in erster Linie Lauftiere und brauchen eine Freifläche, wobei sie mit Leichtigkeit über Holzstücke etc. hinweglaufen. Wenn Sie diese Extras ab und zu anders arrangieren, wird der Käfig nicht zum langweiligen Einerlei.

Haltung in der Wohnung

Da die optimale Umgebungstemperatur für Meerschweinchen bei 18–22 Grad und die richtige Luftfeuchtigkeit bei 50–70 % liegt, können sie sehr gut in der Wohnung gehalten werden. Allerdings brauchen sie einen Standort in „bester Lage": hell, aber ohne direkte

Manche nagen genauso gerne an elektrischen Kabeln wie an frischen Zweigen. Vorsicht!

Tip!

Zeitungen, mit Holz oder Steinen beschwert, alte Teppichfliesen oder auch Kokosmatten bilden auf kalten, rutschigen Fliesen oder Parkett eine durchaus geeignete Unterlage.

Giftpflanzen in Haus und Garten

Agave	Maiglöckchen
Alpenveilchen	Mistel
Amaryllis	Oleander
Aralie	Passionsblume
Azalee	Porzellanblume
„Benjamin"	Primeln
Buchsbaum	Riesenbärenklau
Chrysanthemen	Rittersporn
Diefenbachie	Schneebeere
Efeu	Seidelbast
Eibe	Sommerflieder
Eisenkraut	Stechapfel
Engelstrompete	Thuja
Essigbaum	Wacholder
Farne	Wolfsmilch-
Feigenbaum	gewächse
Fingerhut	(z. B. Christus-
Geranien	dorn, Weih-
Gummibaum	nachtsstern)
Hartriegel	Simmerkalla
Hortensien	Zwiebelgewächse
Hyazinthen	(z. B. Narzissen,
Lebensbaum	Krokus,
Liguster	Herbstzeitlose)

Sonneneinstrahlung, zugluftfrei, nicht direkt vor oder auf Heizkörpern und weder in der Küche noch direkt vor Lautsprecherboxen (siehe Seite 50). Wenn der Käfig erhöht steht anstatt auf dem Boden, an den außerdem oft Zugluft gelangt, werden auch scheue Tiere schneller zahm.

Auslauf

Dem starken Bewegungsdrang Ihrer Meerschweinchen können Sie gerecht werden, indem Sie ihnen täglich Auslauf in der Wohnung gönnen. Wenn Sie ihnen eine abwechslungsreiche Umgebung anbieten (siehe Seite 58), befriedigt dies auch ihre angeborene Neugier und ihren Spieltrieb. Lassen Sie Meerschweinchen nicht ohne Aufsicht frei laufen, und beachten Sie die Gefahren, denen sie ausgesetzt sind (siehe Seite 21). Geben Sie ihnen die Chance auf Flucht, indem Sie ein Häuschen oder einen durchlöcherten Karton dazustellen.

Stubenreine Meerschweinchen?

Um es gleich von vornherein zu sagen: Meerschweinchen, obwohl sehr reinliche Tiere, werden äußerst selten völlig stubenrein, was natürlich auch vom Einzeltier abhängt – manche lernen es nie, andere gleich. Am ehesten klappt die Sache, wenn Sie nach den ersten paar Freilaufstunden herausgefunden haben, welche Ecke als „Kloecke" bevorzugt wird, und dort eine Katzentoilettenschale mit ein wenig Einstreu (z. B. aus dem Käfig) plazieren. Normalerweise nehmen die Tiere das gut an, und Sie vermeiden damit Pfützen, allerdings kaum Kotkügelchen, die aber leicht aufgekehrt oder -gesaugt werden können. Schreien und Strafe bringen nur einen Vertrauensbruch, nicht die gewünschte Wirkung!

Balkonleben?

Im Sommer einen Frischluftaufenthalt auf dem Balkon einzurichten scheint ein verlockender Gedanke zu sein – die meisten Balkone sind aber nicht als Meerschweinchenwohnung geeignet. Oftmals ist das Klima dort zu zugig, zu feucht, zu kalt oder zu heiß. Wenn die

Ein Platz an der Sonne – draußen ist es am schönsten. (Beide müssen sich aber jederzeit in den Schatten zurückziehen können.)

Umweltbedingungen stimmen, müssen Sie den Balkon dennoch mit relativ großem Aufwand sichern: der Boden muß isoliert und abgedeckt werden (z. B. mit Naturgrasmatten), sämtliche Öffnungen müssen verschlossen, Gitterstäbe mit Maschendraht versehen und nicht zuletzt das Ganze mit einem bündig abschließenden Netz von oben gegen Beutegreifer geschützt werden. Bei stundenweisem Balkonauslauf benötigen Ihre Nager ein vor Kälte, Nässe und Wind schützendes Haus, bei längerem Balkonaufenthalt einen kleinen Stall.

Garten mit Schweinchen

Sollten Sie einen Garten Ihr eigen nennen, dann gönnen Sie Ihren Meerschweinchen einen Teil davon – sie werden es genießen, ob für stundenweises Weiden oder als Sommerfrische. Auch als Daueraufenthalt ist ein Garten geeignet, dann ist allerdings die Bindung an den Menschen nicht so eng, als wenn die munteren Tiere im Winter in der Wohnung sind. In jedem Fall brauchen sie einen Schutz vor Kälte, Nässe und Wind sowie Raubtieren, der Platz muß trocken und zugluftfrei sein sowie einen Schattenteil beinhalten. Bieten Sie

Wichtig!

Unbedingt langsam an den Aufenthalt im Freien gewöhnen, krasse Temperaturunterschiede und plötzliche Futterumstellungen vermeiden! Bei schlechtem Wetter gehören Meerschweinchen ins Haus bzw. in ihren Stall.

Hier fühle ich mich rundum wohl.

Gefahren im Garten

Giftpflanzen (s. S. 22, 33)	Auslauf absuchen, Kinder anleiten!
Katze, Hund, Marder, Raubvögel	Auslauf von oben sichern
Sonne (Hitzeschlag!)	immer Schattenteil zur Verfügung stellen (wandernden Sonnenstand beachten!)
Regen, Wind, Kälte	Unterschlupf, Schutzhaus/Käfig auf Füße stellen, v. a. im Winter gut isolieren
ausbrechen	sicherer, fester Stand des Geheges; Meerschweinchen untergraben ihren Auslauf nicht

auch im Freien den Meerschweinchen ein wenig Abwechslung mit Holzstücken, Steinen u.ä.

Laufstall für ein paar Stunden: Es gibt im Zoohandel fertige Sommergehege. Sie können aber auch das Gitteroberteil des Käfigs benützen bzw. selbst einen kleinen Laufstall aus Vierkanthölzern, Brettern und Maschendraht anfertigen. Wichtig ist eine obere Abdeckung, verankert werden muß er nicht, da Meerschweinchen nicht graben. Häuschen als Unterschlupf nicht vergessen.

Den ganzen Sommer draußen: Für den längeren Gartenaufenthalt (von April/Mai bis Ende September) brauchen Ihre Meerschweinchen ein festeres Schutzhaus bzw. einen schützenden Käfig. Die Grundfläche sollte mindestens 100×40×40 cm betragen. Der Käfig mit mindestens zwei festen Seitenteilen (der vordere Teil kann als mit Draht bespannte Türe gebaut werden) sowie einem schrägen, überstehenden, regenfesten Dach muß an einem geschützten Platz stehen und nicht direkt auf dem Boden! (Materialien siehe Seite 18 und 25, Schutzhaus siehe Illustration Seite 25.)

Ein Außengehege kann angeschlossen sein, oder Sie setzen die Meerschweinchen tagsüber in einen Lauf-stall. Im Schutzhaus oder Käfig mit Stroh und ein wenig Streu einstreuen, Heu, Futternapf, Tränkautomat und Häuschen nicht vergessen. Bei Regen, Wind und Kälte sowie nachts die Tiere im Haus lassen und evtl. den Ein-stieg bzw. die Vorderfront mit einem Sack verhängen.

Gartentiere fürs *ganze Jahr:* Die in ihrer Heimat bis in große Höhen vorkommenden Meerschweinchen kön-nen durchaus bei uns draußen überwintern – das Pro-blem ist nicht die Kälte, sondern Nässe und Zugluft. Ein Schutzhaus für den Winter muß genügend Raum bie-ten, sehr gut isoliert werden, trocken und zugluftfrei sein. Für Kälteschutz sorgt eine dicke Strohschicht. Bei starker Kälte zusätzlich rundum mit Decken verhängen (Luftaustausch muß noch möglich sein!) und Wände von außen mit Styropor isolieren. Im Winter draußen gehaltene Meerschweinchen dürfen nicht in die Woh-nung genommen werden, da sie krasse Temperaturun-terschiede nicht vertragen. Leider ist unser Klima oft naßkalt, so daß Auslauf nur gelegentlich möglich ist.

Ein paar Minuten im Schnee zu tollen genießen auch Meer-schweinchen.

Schutzhaus für den Garten

1 Dach mit Teerpappe decken (an den Kan-ten umschlagen), Überstand: vorne ca. 30 cm, Seiten ca. 20 cm, hinten ca. 15 cm
2 20 mm Holzbretter (Nut und Feder), Lazur für Tiere unschädlich! (Winterstall: doppelte Wände mit Isolierung)
3 Fester Boden, obere Platte aus Schiffsbausperrholz
4 Stall auf Steinplatten stellen (Nässe!)
5 Fenster im Winter eventuell mit Holzbrett abdecken
6 Maschendraht 1,5–2 cm Maschenweite, Scharniere: verzinkt oder aus Schwarzblech (Messingscharniere oxidieren leicht)
7 Über Tür und Fenster Vorhangschiene anbringen (Vorhang bei Bedarf als Kälte- oder Regenschutz!)

Variation: Eine breite Rampe vor der Tür bauen und Auslauf anschließen.

Versorgungsplan

Täglich	Wöchentlich	Einmal im Monat
nasse Streu entfernen (Meerschweinchen legen im Normalfall eine Toilettenecke an), oberflächlich Kot „absammeln"	Streu und Stroh (kompostierbar) und Zeitungen entfernen, Käfigwanne mit heißem Wasser auswaschen oder mit Allzweckreiniger säubern (gut ausspülen!), trocknen, neu einstreuen (Urinstein kann mit Essig- oder Zitronensäure und Bürste bzw. Spachtel entfernt werden)	Gitteroberteil, Häuschen, Steine, Holz säubern Leckstein überprüfen
Näpfe und Tränke säubern: mit heißem Wasser spülen, trocknen		
Grünfutterreste entfernen		

Im Garten: Streu 2× pro Woche ganz auswechseln, in heißen Sommern evtl. 3×. Laufstall gelegentlich versetzen. Zubehör säubern wie oben angegeben.

Die regelmäßige Versorgung

Ein richtig gehaltenes und ernährtes Meerschweinchen riecht nicht nach „Stallduft", sondern nach frischem Heu – dem Stall selbst hingegen haftet schon ein eigener, wenn auch nicht aufdringlicher Geruch an. Meerschweinchen stinken nicht, es sei denn, Sie lassen sie tagelang im eigenen Urin und Kot und in Futterresten sitzen, was für die sehr reinlichen Tiere eine Quälerei wäre. Regelmäßige Reinigung gehört zur artgerechten Versorgung und trägt entscheidend zum Wohlbefinden und zur Gesundheit bei.

Wohin im Urlaub?

Mitnehmen ist keine gute Lösung, da Zugluft im Auto, Hitzestau und ein eventueller Klimawechsel den Tieren mehr Streß als Freude bringen. Außerdem ist der Aufwand sehr groß (Sie müssen ja Käfig und Zubehör einpacken).

Pension: Zoofachgeschäfte nehmen häufig Heimtiere in Pflege, auch Tierheime bieten dies an. Wenn möglich im eigenen Käfig belassen.

Tip!

Wenn Sie nur einen oder höchstens zwei Tage außer Haus sind, können Sie Meerschweinchen auch alleine lassen, sofern Sie für genügend Heu (das ist eine Menge!), Wasser und Trockenfutter sorgen. Keine Dauerlösung, also nicht für permanent verreisende Leute!

Am allerbesten ist die Lösung *„Schweinchensitter"*: Vielleicht kümmern sich Nachbarn oder Bekannte sowieso um Ihre Pflanzen und können dabei nach den Tieren sehen, sie versorgen und sich ein wenig mit ihnen beschäftigen. Der Tiersitter sollte die Meerschweinchen vorher kennenlernen und bestimmte Handgriffe wie Hochheben, Tragen (siehe Seite 15) usw. beherrschen. Bereiten Sie eine Checkliste vor, in der Fütterung, Versorgung und Pflege beschrieben sind, und legen Sie die Adresse Ihres Tierarztes dazu. Wenn Sie jetzt noch vor der Abfahrt eine Käfig-Generalreinigung durchführen und genügend Stroh, Heu, Streu, Fertigfutter, Zweige und Geld für Frischfutter bereitlegen, können Sie unbesorgt Ihren Urlaub genießen.

Die Sache mit dem Nachwuchs

Kleine Meerschweinchen mit ihrem ausgeprägten Spieltrieb sind ausgesprochen possierliche Tierchen, die bereits mit offenen Augen, dichtem Fell und bleibenden Zähnen auf die Welt kommen und vom ersten Tag an laufen können – sozusagen eine Minimeerschweinausgabe. Das soll Sie jetzt aber nicht dazu verleiten draufloszuzüchten, es gibt bereits viele Meerschweinchen auf dem Markt, die ein Zuhause suchen. Für eine Zucht sollten Sie über Rassemerkmale und Vererbung Bescheid wissen und Ihre Tiere evtl. vorher begutachten lassen, z. B. auf einer Ausstellung. Beide müssen mindestens

Checkliste Urlaubssitter

- Tägliche Versorgung und Fütterung (siehe S. 26, 30, 38)
- Was beim Auslauf zu beachten ist (siehe S. 21, 22, 24)
- Erste-Hilfe-Maßnahmen (siehe S. 45)
- Urlaubs- und Tierarztadresse

In der Checkliste steht alles, was der Tiersitter wissen muß, damit sich sein „tierischer" Besuch auch garantiert wohlfühlt.

„Auch wenn unsere Jüngsten wie Fellbäll- chen herumhüpfen, mußt Du behutsam mit ihnen umgehen, denn ein Sturz kann böse Folgen für sie haben!"

Auch die Kleinsten knabbern bereits an allem, was den Großen schmeckt.

6 Monate alt sein, das Weibchen nicht älter als 1 Jahr. Da dieses Buch in erster Linie Meerschweinchenhalter ohne Zuchtgedanken berät, wird auf die Fachliteratur im Anhang verwiesen. Gleichwohl kann es vorkommen, daß Sie sich ein trächtiges Weibchen ins Haus holen oder daß ein von Kindern arrangierter „Schwein-chen-Treff" unbedachte Folgen hat. In diesem Fall freuen Sie sich einfach an den kleinen Rackern, auch wenn sie ein wenig mehr Arbeit und Zeit als sonst von Ihnen verlangen.

Die *Tragezeit* dauert beim Meerschweinchen etwa doppelt so lang wie beim Kaninchen, nämlich ca. 65 Tage. Der Grund dafür ist, daß die Jungen als Nestflüchter auf die Welt kommen und somit in der Entwicklung bereits im Mutterleib „fertigwerden" müssen. Sie sehen es einem Weibchen oft erst 2 bis 3 Wochen vor der Geburt an, daß es trächtig ist. Eine Woche vor der Geburt ist der Bauchumfang sehr beträchtlich und Bewegungen der Jungen können gesehen oder gefühlt werden. Das Weibchen verhält sich nicht anders als sonst, baut auch kein Nest und braucht nach wie vor Bewegung im freien Auslauf. Vorsicht beim Hochnehmen und Tragen, auf ausgewogene Ernährung achten. Meerschweinchen bringen ihre Jungen sowohl tagsüber als auch nachts auf die Welt und haben in der Regel keine Probleme mit der Geburt, die im Sitzen stattfindet. Das Weibchen reißt bei Erscheinen eines Jungen die Eihaut auf (wichtig, damit das Junge atmen kann), frißt sie und leckt das Junge

sauber, das bald anfängt, sich selber zu putzen. Auch die Nachgeburt wird gefressen, was u. a. die Milchsekretion anregt. Wenn Sie ein Pärchen besitzen, sollten Sie das Männchen vor der Geburt vom Weibchen trennen, nicht weil es aggressiv wäre, sondern weil das Weibchen bereits einige Stunden nach der Geburt wieder fruchtbar ist.

Entwicklung der Jungen: Bei der Geburt wiegen Meerschweinchen ca. 50 bis 100 g und nehmen nach ein paar Tagen täglich 3–4 g zu. Regelmäßiges Wiegen hilft Ihnen, über die normale Entwicklung auf dem laufenden zu sein. Die putzigen Fellknäuel fressen bereits ab dem 2. Tag alles, was erwachsene Schweinchen fressen, trotzdem werden sie 2–3 Wochen von der Mutter (übrigens im Sitzen) gesäugt, der Sie während der Säugezeit genügend Wasser und ein wenig mehr Futter als sonst anbieten. Mit 5–6 Wochen sind die Jungen selbständig, die Weibchen bereits geschlechtsreif und von den Männchen zu trennen. Suchen Sie frühzeitig nach der Geburt nach einem guten Platz für die Kleinen, das gibt Ihnen Zeit, diesen genau zu begutachten. Ein potentieller Abnehmer, der „nicht so lange warten" will oder Ihnen die Antwort auf Fragen nach der Haltung verweigert, ist sicher nicht der richtige neue Besitzer.

Schon im Mutterleib haben diese jungen Schweinchen die Zähne gewechselt, und auch die Augen waren bereits 2 Wochen vor der Geburt geöffnet.

Tip!

Verwaiste Jungtiere großziehen: Mit einer Spritze in den ersten drei Wochen Muttermilchersatz (Katzenaufzuchtmilch) einflößen, zunächst tagsüber alle 2 Stunden 1–1,5 ml, in der 3. Woche 2 ml. Bereits von Anfang an Heu, Löwenzahn, Gemüse, Obst, Knäckebrot und Haferflocken anbieten. Keine Kuhmilch!

Gurke ist oft Leibspeise – wenn Ihr Finger ein bißchen danach riecht, kann es auch mal vorkommen, daß Ihr Meerschweinchen vorsichtig probiert, ob's keine Gurke ist!

Grundregeln für die Ernährung

- Ausgewogen und abwechslungsreich füttern mit Rauh-, Grün-, Saft- und Fertigfutter, viel Ballaststoffe (Heu)
- Mindestens zweimal täglich füttern
- Gutes Heu und frisches Wasser täglich zur freien Verfügung stellen
- Zweige zum Abwetzen der Zähne und einen Leckstein anbieten
- Grünfutter, Obst und Gemüse immer frisch füttern, Obst und Gemüse waschen und abtropfen lassen
- Nichts direkt aus dem Kühlschrank füttern, keine gefrorenen Futtermittel geben (auch keine gefrorenen, bereiften Zweige!)
- Keine behandelten, welken, verschimmelten oder verfaulten Futtermittel reichen
- Keine Küchenabfälle, keine Süßigkeiten geben
- Reste von Grün- und Saftfutter einige Stunden nach dem Füttern aus dem Käfig entfernen
- Keine plötzlichen Futterumstellungen (gilt auch für den Gartenauslauf im Sommer)
- Nicht überfüttern, regelmäßige Bewegung ermöglichen

Fütterung

Meerschweinchen sind anspruchslose Pflanzenfresser, die sich in ihrer Heimat von Gras, Kräutern, Blättern, Zweigen, Wurzeln, Früchten und sogar Kakteen ernähren. Für ihre Gesundheit ist es wichtig, daß sie eine ausgewogene Mischung aus Rohfaser, Eiweiß, Fett, Salzen und Vitaminen erhalten.

Wie oft füttern?

Als reiner Pflanzenfresser ist das Meerschweinchen von Natur aus ständig am Fressen. Daher sollte ihm auf jeden Fall immer Heu zur Verfügung stehen, und mehrere kleine Mahlzeiten am Tag sind einer einmaligen Fütteraktion vorzuziehen. Bekommt es nämlich nur einmal täglich eine große Portion Grünfutter vorgesetzt, frißt es viel zu schnell und mehr, als es verträgt. Das kann zu Übergewicht und zu schweren Verdauungsproblemen führen. Es ist erfahrungsgemäß nicht notwendig, daß Sie jeden Tag pünktlich auf die Minute „servieren". Sie können den Meerschweinchen z. B. morgens Fertigfutter und ein wenig Obst oder Gemüse geben, und den Rest Grün- bzw. Saftfutter mittags und abends. Den Überblick behalten Sie sehr gut, wenn Sie morgens bereits die Tagesration vorbereiten. Auch ein „Betthupferl", z. B. eine Traube, wird gerne genascht!

Richtig füttern

Heu wird in einer *Raufe* vorgesetzt, die an der Käfigwand angebracht wird. Falls mehrere Meerschweinchen
vorhanden sind, können Sie auch zwei Raufen an
verschiedenen Stellen befestigen, wobei die zweite für
Grünfutter genutzt werden kann. Heu und Gräser kann
man mischen, es ist aber wichtig, daß keine verwelkten,
angefaulten Kräuter in der Raufe bleiben. Auf den
Boden darf Heu nicht gelegt werden, da es dort leicht
durch Urin und Kot verschmutzt wird.

Für das übrige Futter brauchen Ihre Meerschweinchen
einen *Futternapf* mit festem Stand, den sie nicht umwer-
fen können, wenn sie sich darauf stützen. Am besten
eignen sich schwere Steingutnäpfe, auf keinen Fall
Plastik. Lassen Sie rund um den Napf ein wenig Platz,
damit die Meerschweinchen nicht über ihn, und somit
übers Futter, steigen; für den Hindernislauf gibt es
besseres Spielzeug!

Mit Futter läßt sich ein Meerschweinchen
auch *beschäftigen*.
Sie können z. B.
Zweige an
verschie-
denen

„Als
Leckermaul fresse
ich fast alles, was Du
mir gibst. Kuchen und
Schokolade sind für mich
ungesund, ein Stück Karotte
oder ein Blatt Löwenzahn
schmecken mir
genauso gut."

*Eine stabile, selbstgebaute Raufe
muß hoch und schmal genug sein,
damit kein Meerschweinchen hin-
einspringt oder sie als Schlafplatz
mißbraucht.*

Durch im Käfig ein-gebaute Hindernisse muß das Meerschweinchen sein Futter erstmal „verdienen" – Bewegung und Beschäftigung in einem! Wenn es über den Stein läuft, nützt es zusätzlich seine Krallen ab.

Stellen im Käfig ausle-gen oder Leckereien verstecken. Zwischen Futter-napf, Haus und Heuraufe können Hindernisse einge-baut werden, die erst einmal überwunden werden müssen. Für eine gute Beziehung zu Ihrem Tierchen ist es auch von Vorteil, Leckerbissen wie Kräuter, ein Stück Mohrrübe oder auch einmal ein paar Sonnen-blumenkerne (Vorsicht Dickmacher!) aus der Hand zu geben. Das macht die Eingewöhnung leichter, und selbst scheue Meerschweinchen fressen nach einer Weile gerne aus der Hand (siehe Seite 54).

Das Futter

Abwechslungsreich muß das Futter sein. Rauhfutter (Heu), das ständig verfügbar ist, verschiedenes Grün-, Saft- und Fertigfutter ebenso wie Zweige und evtl. trockenes Brot sollten auf dem täglichen Speiseplan ste-hen. Von allem ein bißchen – jedoch keine plötzlichen Futterumstellungen, die verträgt Ihr kleines Leckermaul nämlich nicht. Bei zu einseitiger Fütterung kommt es leicht zu Mangelerscheinungen und Verdauungsstörun-gen, die nicht immer einfach zu beheben sind.

Rauhfutter: Der wichtigste Rohfaserlieferant ist Heu, das nebenbei noch Mineralstoffe und Spurenelemente bein-haltet. Gutes Heu erkennen Sie am aromatischen Duft und der grünlichen Farbe und daran, daß es viele Wild-kräuter und Gräser mit Blüten und Fruchtständen ent-

Tip!

Für selbstgemachtes Heu werden die auf unbelasteten Wiesen oder in Gärten (ohne Pflanzenschutz-mittel!) gesammelten Pflanzen zum Trocknen ausgebreitet und mehrmals täglich gewendet. Immer darauf achten, daß das Heu vor dem Lagern ganz trocken ist und nicht mehr faulig werden kann!

hält. Staubiges, altes Heu dürfen Sie nicht mehr verwenden, wichtig ist außerdem, daß es trocken und frei von Schimmel ist.

Heu gibt es abgepackt im Zoofachhandel, Sie können es aber auch im Futtermittelhandel oder direkt vom Bauern kaufen, was etwas kostengünstiger ist. Auf bestmögliche Qualität achten!

Selbstgemachtes Heu aus Gräsern und Wildkräutern (s. Liste) schmeckt natürlich auch. Eine besonders schmackhafte Pflanze ist für manche Meerschweinchen übrigens die Brennessel mit ihrem hohen Anteil an Mineralstoffen und Vitamin D. Sammeln Sie davon nur junge Pflanzen und trocknen Sie sie wie anderes Heu.

Eine Mengenangabe erübrigt sich, da Heu immer zur Verfügung stehen soll. Seien Sie nicht überrascht – Meerschweinchen fressen im Vergleich zu ihrer Größe eine Riesenmenge Heu! Auch Stroh wird übrigens als Rohfaserlieferant geknabbert, ist aber durch den geringen Nährwert nicht als alleiniges Rauhfutter geeignet. Der richtige Lagerplatz für Heu ist kühl und trocken, und es dürfen keine Mäuse daran gelangen.

Geeignetes Grünfutter und giftige Wildpflanzen

- **Als Grünfutter und für Heu geeignete Gräser und Kräuter:**

  Ackerschachtelhalm, Beinwell, Gänsefuß, Gras, Hirtentäschel, Huflattich, Kamille, Klee (geringe Mengen), Löwenzahn, Luzerne, Pfefferminze, Salbei, Sauerampfer, Schafgarbe, Vogelmiere, Wegerich

- **Giftige Wildpflanzen:**

  Anemonen, Bilsenkraut, Eibe, Eisenhut, alle Farne, Fingerhut, Goldregen, Hahnenfuß, Herbstzeitlose, Hundspetersilie, Immergrün, Küchenschelle, Maiglöckchen, Mohn, Schierling, Schlüsselblume, Schneeglöckchen, Schöllkraut, Sumpfdotterblume, Tollkirsche, Trollblume

Probieren Sie anfangs doch einfach aus, welche der angegebenen Gemüse- und Obstsorten Ihr Meerschweinchen am liebsten frißt oder vielleicht gar nicht mag, denn jedes Tier hat seinen eigenen Geschmack.

Grünfutter: Das natürlichste Futter für Meerschweinchen, Wildkräuter werden mit Begeisterung gefressen. Klee darf nicht mehr als 10% des Grünfutters ausmachen, da er als Alleinfutter zu Blähungen führen kann. Geeignete Gräser und Kräuter sowie giftige Wildpflanzen können Sie der Liste auf Seite 33 entnehmen. Von Pflanzen, die Sie nicht kennen, besser die Finger lassen! Grünfutter können Sie einen oder zwei Tage an einem kühlen, trockenen Ort lagern.

Saftfutter: Von Grün- und Saftfutter zusammen braucht ein Meerschweinchen etwa 50–70 Gramm pro Tag. Saftfutter, also Obst und Gemüse (siehe Liste Seite 35) sollten Sie immer frisch füttern. Geben Sie keine behandelten Früchte und nur äußerst selten Steinobst (wie Kirschen, Aprikose, Pfirsich oder Nektarine), da dieses weniger bekömmlich ist. Obst immer in kleinen Mengen füttern, Melonen schälen. Rohe Bohnen und Kartoffelkeime sind giftig für Meerschweinchen und dürfen auf keinen Fall ins Futter gelangen.

Blähende Kohlarten, z. B. der Rotkohl, dürfen nicht gefüttert werden. Von weniger blähenden Kohlarten (z. B. Grünkohl, Wirsing und Blumenkohl) sowie von Salaten dürfen Meerschweinchen nur kleine Mengen fressen; zuviel kann tödlich sein!

Auf dem Speiseplan ist Vielfalt angesagt!

Fertigfutter: Im Handel angebotenes Kraftfutter für Meer-schweinchen ist im allgemeinen ausgewogen und ent-hält alle wichtigen Nährstoffe. Es besteht aus Getreide, Mais, Haferflocken, Sonnenblumenkernen und Erdnüs-sen sowie aus Preßheu (Pellets). Manche Fertigfutter können auch als Alleinfutter gegeben werden (auf Heu nie verzichten!), aber dem Leckermaul Meerschwein-chen ist es sicher lieber, Zusatzfutter in Form von Gräsern, Obst oder Gemüse zu bekommen. Beachten Sie, daß viele Fertigfutter relativ nährstoffreich sind und bei Meerschweinchen, die wenig Bewegung haben, schnell zu Übergewicht führen können. 10–20 g täglich genügen, das sind etwa 1–2 Eßlöffel voll; wenn viel Grünzeug gegeben wird, reicht auch weniger.

Was zum Knabbern: Zweige, Brot und Knabber-stangen bieten nicht nur eine geschmackliche Abwechslung, sondern auch Beschäftigung. Außerdem geben sie dem Meerschweinchen die Möglichkeit, seine ständig nachwachsenden Zähne abzunützen. Harte Zweige sind dabei das beste „Knabberzeug", da sie, anders als Brot, keinen Nährwert haben, dafür Gerb-stoffe und Öle enthalten. Geben Sie Knabberstangen, auch Maiskolben, nicht zu oft und nicht in großer Menge, auch sie enthalten viele Kalorien! Das Brot soll-te hart und trocken und vollkommen schimmelfrei sein (am besten ist Knäckebrot), Zweige können Sie von ungespritzten Obstbäumen nehmen, ebenso geeignet sind Weide, Buche, Birke und Haselnuß.

Geeignete Obst- und Gemüsesorten

- **Obst, das gerne gefressen wird:**

  Apfel, Banane, verschiedene Beeren (z. B. Erdbeere), Birne (in Maßen), Grapefruit, Kiwi, Man-darine, Melone, Mirabellen, Orange, Weintrauben

- **Gemüsesorten, die für Meer-schweinchen geeignet sind:**

  Rote Bete, Broccoli, Chinakohl, Dill, Gurke, Karotte, Kartoffel (gekocht, ohne Keime!), Papri-ka, Petersilie (in Maßen), Radieschen, Salat (in Maßen), Sellerie, Spinat, Tomate, Zucchini

Zweige sind wichtig für die Zähne.

Wichtig!

Vor allem von Grün- und Saftfut-ter nie plötzlich große Mengen verfüttern! Wenn im Winter weni-ger Grünfutter gegeben wurde, im Frühjahr immer wieder ein paar Kräuter geben und nach und nach die Menge steigern. Die Umstellung auf das Gras im Gar-tenauslauf muß langsam erfolgen.

Eine solche Nippeltränke hält das Wasser sauber.

Wichtig!

Milch (auch verdünnte) ist für Meerschweinchen nicht verträglich und kann leicht zu Durchfall führen. Bei länger andauerndem Auslauf, z. B. im Garten, muß den Tieren ebenfalls immer Wasser zur Verfügung stehen.

Winterfütterung

Äpfel, Karotten, Salatgurke u. a. geben Ihren Meerschweinchen die im Winter so wichtigen Vitamine. Geben Sie ab und zu, aber nicht öfter als ein- bis zweimal pro Woche, Petersilie, die reich an Vitamin C ist. Als willkommene Abwechslung im Winter-Speiseplan lieben viele Meerschweinchen Karottenkraut.

Als Grünfutter können Sie außerdem Grassamen, evtl. mit Klee- und Salatsamen gemischt, in einer Schale aussäen. Ein Zusatz von Vitamin C im Trinkwasser ist in der kalten Jahreszeit angebracht.

Braucht ein Meerschweinchen überhaupt Wasser?

Auch wenn saftiges Grünfutter, Gemüse und Obst auf dem Speiseplan stehen, brauchen Meerschweinchen *täglich frisches Wasser*. Gerade weil sie bei einer solchen Fütterung meist wenig trinken, sind viele Leute der (völlig falschen) Meinung, daß sie ganz auf Wasser verzichten könnten. Aber auch ein Meerschweinchen trocknet aus, wenn es zwangsweise auf das frische Naß verzichten muß!

Als Gefäß am geeignetsten ist eine *Nippeltränke*, die gegenüber einem Wassernapf den Vorteil hat, daß keine Einstreu oder Futterteile ins Wasser gelangen und es verschmutzen. Der Trinkautomat sollte jeden Tag gesäubert und mit frischem Wasser gefüllt werden.

Vitamine zufüttern?

Vitamine sind ein wichtiger Bestandteil der Nahrung und für die Gesundheit der Tiere unerläßlich. Die meisten Vitamine sind bei einer richtigen Fütterung ausreichend vorhanden. Im Winter können Sie zusätzlich ein Multivitaminpräparat anbieten, aber nicht öfter als einmal in der Woche, da Überdosierungen auch schädlich sein können.

Zwei Besonderheiten sollten Sie beachten

Vitamin C: Wie der Mensch sind auch Meerschweinchen nicht in der Lage, Vitamin C in ihrem Körper selbst herzustellen. Dieses wichtige Vitamin muß mit der Nahrung aufgenommen werden. Das kann durch Verfüttern besonders Vitamin C-haltiger Obst- und Gemüsesorten (siehe Liste) geschehen, oder als Zusatz über das Trinkwasser (z. B. Vitamin-C-Pulver aus der Apotheke). Dazu geben Sie ca. 20–30 mg Ascorbinsäure zu 100 ml Wasser; täglichen Wasserwechsel beachten, da gelöstes Vitamin C innerhalb von 24 Stunden zerfällt.

Kotfressen: Meerschweinchen sowie Kaninchen brauchen den Blinddarmkot, der heller und weicher als der normale Kot ist und Vitamine des B-Komplexes sowie Vitamin K enthält, die im Blinddarm gebildet werden. Das ist also keineswegs eine Verhaltensstörung, sondern eine für das Meerschweinchen lebensnotwendige, natürliche Verhaltensweise.

Und Mineralstoffe?

Eine ausgewogene Ernährung enthält normalerweise alle Mineralstoffe, die Ihr Meerschweinchen braucht. Ein Salzleckstein ist dennoch von Vorteil, er stellt die Versorgung mit Mineralstoffen zu jeder Zeit sicher und sollte auch im Sommerauslauf nicht fehlen. Es gibt allerdings Meerschweinchen, die keinen Leckstein annehmen. Am besten wird er an der Käfigwand angebracht, damit er sich nicht mit Urin vollsaugt.

Tip!

Der Leckstein und manche Heuraufen sowie Tränken halten besser am Käfiggitter, wenn Sie sie mit Draht zusätzlich befestigen (keine losen Enden in den Käfig ragen lassen).

Vitamin-C-haltiges Obst und Gemüse

Rote Bete, Gurke, Paprika, Zitrusfrüchte; auch Löwenzahn und Petersilie enthalten viel Vitamin C.

Mandarinen sind eine gute Vitamin-C-Quelle, nur leider mag nicht jeder Zitrusfrüchte.

Speiseplan

Täglich	Wöchentlich
frisches Wasser mit Vitamin C-Zusatz	Zweige von unbehandelten Obstbäumen, Weide, Buche, Birke oder Haselnuß
Heu zur unbegrenzten Verfügung	evtl. hartes, trockenes Brot oder ein kleines Stück Knabberstange
50–70 g Grün- und Saftfutter: d.h. im Sommer z.B. eine Handvoll Gräser und Kräuter bzw. Auslauf im Garten, 1–2 Salatblätter, ein Obst- und ein Gemüsestückchen, im Winter entsprechend mehr Gemüse und Obst.	
10–20 g Fertigfutter (1–2 Eßlöffel)	

Und wenn es doch einmal zu dick wird?

Bei zuviel Kraftfutter und Leckereien, auch Brot, und zuwenig Bewegung setzen Meerschweinchen sehr leicht Fett an, was die Lebenserwartung vermindert und die Anfälligkeit für Krankheiten erhöht. Das einzige, was hier Abhilfe schafft, ist eine Diät. Heu und Wasser müssen nach wie vor täglich zur Verfügung stehen, ansonsten geben Sie etwa 40 g Grün- und Saftfutter, nur noch etwa 1–2 Eßlöffel Kraftfutter pro Woche (!) und Zweige zum Nagen. Außerdem mehr Auslauf anbieten und das Futter „verdienen" lassen (siehe Seite 32), um die Bewegung zu steigern. Übrigens schadet es der Gesundheit nicht, wenn Ihre Meerschweinchen ab und zu einen Fasttag einlegen; Heu und Wasser müssen aber immer vorhanden sein.

Wenn eine Diät angesagt ist, geben Sie als Leckerbissen Gemüse oder Obst.

Gesundheitsvorsorge und Pflege

Meerschweinchen sind sehr saubere Tiere, die dennoch Ihrer Pflege bedürfen – schließlich haben sie sich uns anvertraut! Der tägliche Gesundheitscheck (siehe auch Seite 14) sollte beinhalten: Futter- und Wasseraufnahme sowie Ausscheidungen prüfen, Verhalten beobachten, Fell, Augen, Nase und Afterregion kontrollieren. Außerdem müssen regelmäßig Zähne und Krallen auf ihre Länge geprüft werden (siehe Seiten 40/41). Sind die Meerschweinchen im Freien, werfen Sie öfters einen Blick auf die Afterregion, da bei Verklebungen (Durchfall) gerne Fliegen ihre Eier im Fell ablegen – die Entzündungen, die durch die Maden entstehen, sind beachtlich und können sogar tödlich sein!

Fellpflege

Meerschweinchen sind in dieser Hinsicht ausgesprochen pflegeleicht, sie putzen sich gründlich und oft. Dennoch genießen sie es, ab und zu gebürstet zu werden. Kurzhaar- und Rosettenmeerschweinchen müssen im Grunde gar nicht gebürstet werden, außer beim Fellwechsel im Frühjahr und Herbst, wo es ihnen guttut, wenn Sie einmal in der Woche die abgestorbenen Haare entfernen.

Langhaarmeerschweinchen dagegen erfordern eine tägliche gründliche Fellpflege mit Kämmen und Bürsten. Verfilzungen werden mit einem grobzinkigen Kamm vorsichtig ausgekämmt, wenn das nicht geht, mit der Schere entfernt. Wenn Ihnen Meerschweinchen mit 30–40 cm langen Haaren als Schönheitsideal vorschweben, denken Sie daran, daß diese Tiere sich kaum mehr mit dem Fuß kratzen können und im Fell Futterreste und Exkremente hängenbleiben – mit Tierliebe hat das nichts mehr zu tun, schon gar nicht, wenn Gitterrostboden und Lockenwickler das Problem „beseitigen" sollen. Dem Tier tun Sie mehr zu Gefallen, wenn Sie die Haare auf Bodenlänge kürzen!

Wichtig!

Die beste Gesundheitsvorsorge ist richtige Haltung und Fütterung, viel Bewegung, regelmäßige Käfigreinigung und ein täglicher Gesundheitscheck.

Zur Gesundheitsvorsorge gehört auch regelmäßiges Wiegen. (Beachten Sie, daß das Gewicht von Tag zu Tag stark schwanken kann.)

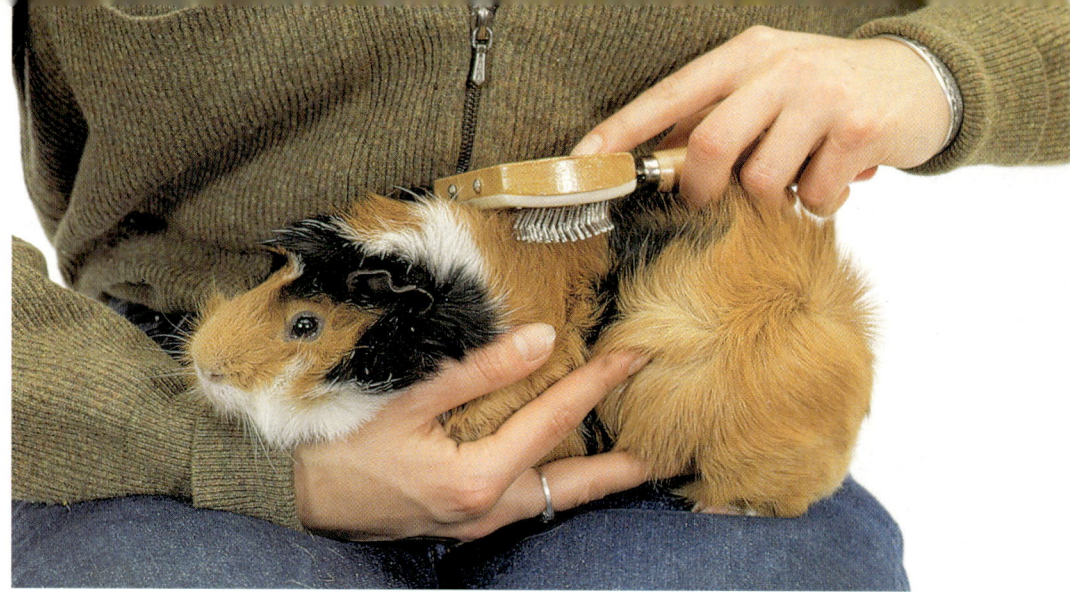

Die meisten Meerschweinchen genießen sanftes Bürsten.

Baden verboten!

Nur in Ausnahmefällen (Parasiten, starke Verschmutzung) dürfen Meerschweinchen gebadet werden. Es bekommt ihnen ganz und gar nicht, eine Erkältung oder gar Lungenentzündung sind schnell geholt, und ein Genuß ist es ganz bestimmt nicht für sie. Verklebungen im Fell können mit einem feuchten Schwamm gesäubert werden. Wenn es wirklich einmal nötig sein sollte, baden Sie das Meerschweinchen in lauwarmem Wasser, trocknen Sie es gründlich ab und sorgen Sie für eine warme, absolut zugluftfreie Umgebung. Bei Parasiten Spezialshampoo (vom Tierarzt) verwenden, ansonsten am besten gar keines.

Gute Zähne

Wenn Sie regelmäßig die Zähne Ihres Lieblings kontrollieren, können Sie Probleme oft frühzeitig erkennen, bevor sie zu Folgekrankheiten führen (siehe Seite 44). Zur Kontrolle öffnen Sie das Mäulchen mit Daumen und Zeigefin-

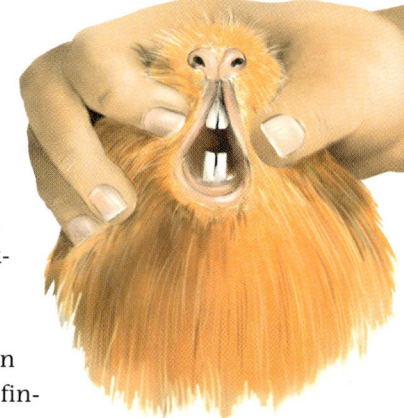

Die Nagezähne dieses Meerschweinchens haben die richtige Stellung und Länge. Wenn Sie Ihre Tiere von Anfang an daraufhin kontrollieren, werden sie sich schnell daran gewöhnen, daß ihnen ins Mäulchen geschaut wird.

ger. Die Nagezähne müssen sich berühren können und dürfen nicht zu lang, sollen also entsprechend abgenützt sein. Die Backenzähne sind nur mit Hilfsmitteln zu erkennen (eine angeborene Gebißfehlstellung kann nur der Tierarzt feststellen). Zu lange Zähne kürzen lassen!

Falls Ihr Meerschweinchen ruhig ist, können Sie es gleichzeitig halten und Krallen schneiden; ansonsten geht es besser zu zweit. Im Bild rechts ist die richtige Schnittführung zu sehen.

Krallen

Wenn die Krallen Ihrer Meerschweinchen zu lang werden oder gar in alle Richtungen wachsen, ist es höchste Zeit für eine Maniküre. Die können Sie selbst durchführen (lassen Sie sich die richtige Methode einmal beim Tierarzt zeigen). Mit einer speziellen Krallenzange schneiden Sie ca. 3–4 mm vor dem sogenannten „Leben", einem Blutgefäße und Nerven enthaltenden Teil, der bei hellen Krallen sehr gut zu sehen ist (schwarze Krallen entweder vom Fachmann kürzen lassen oder bei genügend Erfahrung vorsichtig selbst).

Gesunde Meerschweinchen

Um Krankheiten vorzubeugen, können Sie viel für Ihre Meerschweinchen tun. Zur Vorsorge gehört eine artgerechte Haltung in einem genügend großen Käfig mit Freilauf und Beschäftigungsmöglichkeiten, Hygiene (sorgfältige Reinigung, täglicher Trinkwasserwechsel), Schutz vor Kälte und Nässe, Frischluft ohne Durchzug, eine ausgewogene Fütterung, Gefahrvermeidung beim Auslauf und nicht zuletzt der tägliche Umgang, bei dem Ihnen mögliche Krankheitsanzeichen auffallen können. Kontrollieren Sie im Falle einer Krankheit *immer* die Haltungs- und Ernährungsbedingungen, da viele Krankheiten auf Haltungs- und Fütterungsfehler zurückzuführen sind. Verwenden Sie im Winter einen

„Du tust mir einen großen Gefallen, wenn Du mir einen Stein zum Krallenabnützen und Zweige zum Nagen in den Käfig legst."

Haltungs- und Fütterungsfehler

Häufige Haltungsfehler:

Zugluft, Nässe, rasche Temperaturwechsel, direkte Sonneneinstrahlung, Luftfeuchtigkeit zu hoch oder zu niedrig, Platzmangel, mangelnde Bewegung, Streß, feuchte Einstreu, mangelnde Hygiene

Häufige Fütterungsfehler:

Unausgewogenheit (zu wenig Rauhfaser, kein Grün- und Saftfutter), Überangebot insbesondere an Fertigfutter, zu wenig Futter, verdorbenes, kaltes oder behandeltes Futter, zu viel Klee oder Salat/Kohl

Luftbefeuchter oder stellen Sie eine Schale mit Wasser auf den Heizkörper – das erhöht die meist zu trockene Luftfeuchtigkeit und beschert nicht nur Ihren Tieren ein angenehmeres Raumklima.

Das kranke Meerschweinchen

Meerschweinchen werden zu Recht als robuste Tiere bezeichnet, die kaum einmal krank werden. Geschieht es dennoch, drängen sie sich Ihnen nicht auf, achten Sie daher auf mögliche Anzeichen einer Störung (siehe Seite 43) und warten Sie bitte nicht zu lange, um den Tierarzt hinzuzuziehen.

Bei leichten Unstimmigkeiten können Sie selbst eingreifen (siehe Seiten 44/45) oder einfach die Ursache abstellen, aber versuchen Sie nicht, den Tierarzt zu ersetzen. Für den Transport verwenden Sie einen gut verschlossenen Korb oder Karton mit einer Unterlage aus Zellstoff oder Tüchern, es ist nicht sehr hygienisch und bringt

Medikamente richtig eingeben

(siehe auch Seite 46)

1 Orale Eingabe mittels Plastikspritze (ohne Nadel!) hinter den Nagezähnen
2 Pulver gut in eine Banane o. ä. eindrücken
3 Tropfen, wasserlösliches Pulver (z. B. Vitamintropfen, Vit.-C-Pulver) übers Trinkwasser geben; Wassermenge beachten!
4 Salbe mit Wattestäbchen auftragen
5 Augensalbe direkt ins Auge geben, Lider danach kurz schließen

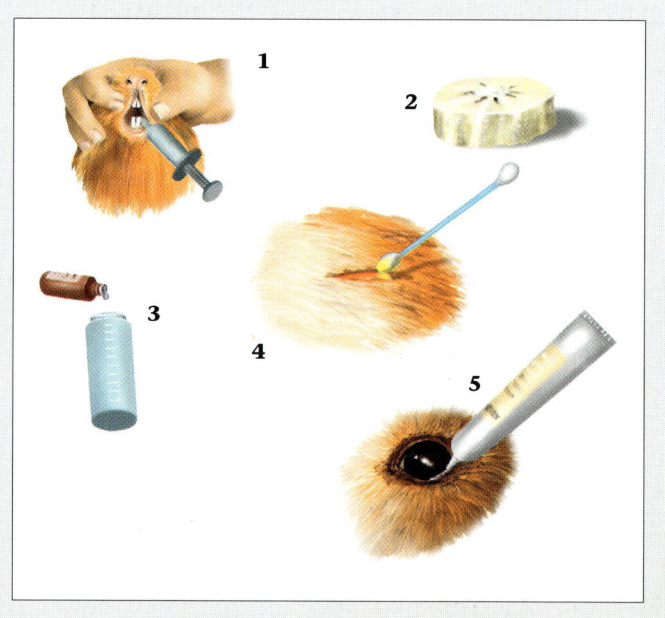

*Meerschweinchen putzen sich
gründlich, und nicht jedes Kratzen
bedeutet gleich eine Krankheit!*

viel Verdruß, wenn beim Herausnehmen des Meerschweinchens in der Tierarztpraxis Streu, Stroh oder
Futter in alle Ecken fliegt. Nehmen Sie Ihr Tier im War-
tezimmer nicht aus der Box, die Gefahr eines Sturzes
und der Streß, besonders wenn noch andere Tiere im
Zimmer sind, ist enorm! Vor oder während der Unter-
suchung wird Sie der Tierarzt nach der Herkunft, dem
Alter, der Haltung und Fütterung fragen sowie nach
den Veränderungen, die Sie bemerkt haben.

Ein Wort zu Zoonosen

Zoonosen sind Krankheiten, die vom Tier auf den Menschen oder umgekehrt übertragen werden. Beim Meerschweinchen gibt es davon nicht viele, und selbst die
sind eher selten. An erster Stelle stehen Hauterkrankun-
gen. *Pilze* können sowohl vom Menschen aufs Tier als
auch umgekehrt übertragen werden, wobei beim Menschen meist kreisrunde Hautveränderungen auftreten.
Räudemilben gehen in Ausnahmefällen auch auf den
Menschen. Bei ungünstigen Haltungsbedingungen ist
ein *Salmonellenbefall* nicht auszuschließen, die Übertra-
gung ist aber bei ausreichender Hygiene unwahrscheinlich. Die *Lymphozytäre Choriomeningitis* (LCM), die beim
Menschen zu einer Gehirnhautentzündung führen kann,
ist beim Meerschweinchen sehr selten. *Tollwut* kann theo-
retisch auch Meerschweinchen befallen, aber selbst im
Freilauf im Garten ist es unwahrscheinlich, daß ein
befallenes Wildtier die Nager infiziert. Sie selbst können
Ihren Meerschweinchen eine Erkältung bescheren, wenn
Sie unter *Grippe* leiden – also etwas Abstand halten!

Krankheitsanzeichen

- Appetitlosigkeit, Gewichtsver-
  lust, Bewegungsunlust, Teil-
  nahmslosigkeit, verminderte
  Reaktionen, starke Unruhe,
  gekrümmter Rücken, gesträub-
  tes, stumpfes Fell
- Gleichgewichtsstörungen,
  Lähmungen, Krämpfe
- Blutspuren, Wunden,
  Schwellungen
- Starker Juckreiz, kahle Stellen,
  Borken, Krusten
- Schnupfen, eitriger Nasenaus-
  fluß, häufiger Husten, Atem-
  beschwerden
- Überlange oder falsch stehende
  Zähne, Speicheln, aufgetriebe-
  ner Bauch, kein Kotabsatz,
  Durchfall
- Starker Durst, gesteigerter oder
  kein Harnabsatz, Blut im Urin
- Unnatürlich gewinkelte Glied-
  maßen, Lahmheiten, wunde
  Sohlen, eingewachsene Krallen
- Auffallendes Kopfschütteln,
  starker oder eitriger Augen-
  ausfluß, Augentrübung

Häufige Symptome und Krankheiten

Was Sie selbst tun können

Wann Sie baldmöglichst zum Tierarzt müssen

Bei Teilnahmslosigkeit ohne Allgemein-Symptome fehlt vielleicht der Sozialpartner (Einzelhaltung!) oder das Meerschweinchen hat keinen Auslauf – nehmen Sie sich genügend Zeit für Ihr Tier oder besorgen Sie ihm einen Partner.

Teilnahmslosigkeit in Verbindung mit anderen Symptomen, Appetitlosigkeit und starke Abmagerung sind meist schlechte Zeichen und können auf eine schwere *Infektion* hindeuten.

Wenn Sie feststellen, daß die Nagezähne zu lang sind, sollten Sie darauf achten, daß Ihr Meerschweinchen genügend Strukturfutter (Heu) und Nagemöglichkeiten (siehe Seite 35) hat. Zähne vom Tierarzt kürzen lassen.

Appetitlosigkeit und evtl. Speicheln deutet auf *Zahnanomalien* hin, die der Tierarzt behandeln muß. Wenn die Backenzähne betroffen sind, ist der weitere Verlauf leider meist ungünstig – die in der Regel angeborene Störung tritt immer wieder auf, und manche Meerschweinchen fangen auch nach einer Behandlung nicht wieder selbst zu fressen an.

Bei der *Meerschweinchenlähme* kommt es zu Krämpfen und Hinterhandschwäche.

Gelegentliches Niesen ohne eitrigen Ausfluß kann Hinweis auf einen Reizschnupfen sein; stellen Sie die Ursache, z. B. staubiges Heu, ab. Reizhusten entsteht z. B. durch Zigarettenrauch. Vorbeugend gegen Atemwegserkrankungen auf richtige Luftfeuchtigkeit achten, Zugluft und Temperaturschwankungen vermeiden.

Häufiges Niesen, eitriger Nasenausfluß, Husten geben Hinweis auf eine schwere Erkältung, die beim Meerschweinchen sehr schnell zu einer *Lungenentzündung* führen kann. Sofort zum Tierarzt!

Leichte Bindehautentzündung (Tränende, rote Augen) entsteht z. B. durch Zugluft. Ursache abstellen und beobachten, evtl. mit Kamillenlösung (nicht Tee!) Augen vorsichtig auswischen. Ohrerkrankungen vom Tierarzt behandeln lassen. Ohrreiniger sind meist alkoholhaltig und verschlimmern u. U. das Geschehen.

Entzündungen an den *Lidbindehäuten* (stark tränende oder eitrige Augen) oder eine *Hornhautverletzung* mit einer entsprechenden Salbe, die vom Tierarzt verordnet wird, behandeln. Bei Ohrentzündungen, durch Milben, Pilze, Bakterien oder Fremdkörper hervorgerufen, kratzt sich das Meerschweinchen und schüttelt den Kopf.

Bei leichtem Durchfall und gutem Allgemeinbefinden: Heu, kein Grün- und Saftfutter (außer geriebener Karotte), genügend Wasser, evtl. Kräutertee. Um die Darmflora wiederherzustellen ein wenig Joghurt geben. Bei länger anhaltendem Durchfall (mehr als 2 Tage) zum Tierarzt.

Bei starkem Durchfall oder gleichzeitig auftretenden Allgemeinsymptomen keine Eigenbehandlung durchführen, das Tier wird zu sehr geschwächt.

Bei nebenstehenden Symptomen keine Eigenbehandlung durchführen, absoluter Notfall!

Ein **harter, aufgetriebener Bauch** und eine **schnelle Atmung** deuten besonders nach plötzlicher Futterumstellung oder Klee-, Kohl-, Salatfütterung auf die sogenannte *Trommelsucht* hin. Sofort zum Tierarzt.

Geringer oder erschwerter Kotabsatz: Ursache ist oft Wassermangel. Fertigfutter einige Zeit weglassen, Gurke, Melone anbieten. Wenn die Perinealtaschen um den After herum mit Kot angeschoppt sind, vorsichtig mit einem feuchten Wattestäbchen entleeren.

Bei länger andauernder **Verstopfung** oder hinzukommenden Allgemeinsymptomen zum Tierarzt.

Schmerzen beim Harnabsatz, Blut im Urin, wenig oder kein Harn können als Ursache *Blasensteine* oder eine *Blasenentzündung* haben; beides muß vom Tierarzt behandelt werden.

Eine **Entzündung an den Mundwinkeln** ist oft Folge eines *Vitamin-C-Mangels*. In leichten Fällen Vitamin C zuführen (siehe Seite 37). Weitere Anzeichen eines Vitamin-C-Mangels sind **lockere Zähne, Gelenk und Muskelentzündungen**.

Folgen eines schweren Vitaminmangels (z. B. Muskelblutungen, das Meerschweinchen **liegt viel** auf der Seite, evtl. **schwache Hinterhand**) können, wenn überhaupt, nur noch durch tierärztliche Behandlung geheilt werden.

Haarlose Stellen ohne sonstige Symptome (z. B. Juckreiz, Borken, verdickte Haut) und ohne sichtbaren Parasitenbefall können streßbedingt sein oder dadurch entstehen, daß sich die Tiere aus Rauhfuttermangel gegenseitig das Fell abbeißen. Ursache abstellen.

Pilzbefall (**runde haarlose, borkige Stellen**), *Haarlingsbefall* (mit bloßem Auge sichtbar, **v. a. am Ohr**), *Milbenbefall* (**Hautverdickung, Haarausfall**), alle mit starkem **Juckreiz** verbunden: zum Tierarzt. Der Juckreiz führt zu Kratzwunden und oft zu Appetitlosigkeit und Verdauungsstörungen, die tödlich sein können.

Oberflächliche Wunden: Haare um die Wunde herum abschneiden und eine desinfizierende Salbe, z. B. Betaisodona, auftragen.

Größere, stark blutende und eiternde Wunden sowie **tiefe Bißwunden** und **Abszesse** erfordern die Behandlung durch den Tierarzt.

Zu **lange Krallen** führen zu Lahmheiten – kontrollieren und wenn nötig kürzen.

Starke Lahmheit, v. a. nach Stürzen, kann einen *Knochenbruch* bedeuten. Bei **wunden Sohlen** ebenfalls zum Tierarzt.

Zittern, Aufregung, Hecheln (*Hitzschlag*) bei direkter Sonneneinstrahlung oder Hitzestau: Das Tier an einen kühlen, dunklen Ort bringen, lauwarmes Wasser anbieten, feuchte Tücher auflegen und beobachten.

Wenn keine merkliche Besserung eintritt, zum Tierarzt; Vorsicht Hitzestau im Auto!

*Immer ein
geduldiger Patient.*

Wichtig!

Geben Sie nie eigenmächtig Medikamente, denn Meerschweinchen sind keine Menschen, und was Ihnen nützt, kann Ihrem Tier schaden. Penicillin z. B. ist für die Nager äußerst schädlich und kann sogar zum Tode führen.

Krankenpflege

Kranke Meerschweinchen sollten genügend Ruhe haben, brauchen aber dennoch viel *Zuwendung*. Insbesondere bei ansteckenden Krankheiten sollten sie von anderen *getrennt* werden (für Geruchs- und Stimmkontakt sorgen). Wechseln Sie die Einstreu öfter und *desinfizieren* Sie den Käfig. Eventuelle Verschmutzungen am Tier werden vorsichtig gesäubert. Mehr als sonst darauf achten, daß keine ungünstigen Bedingungen (Zugluft, Temperaturschwankungen) einwirken.

Der *Flüssigkeitsbedarf* ist bei vielen Krankheiten höher als sonst, im Notfall müssen Sie Ihrem Patienten mit einer Spritze oder Pipette Wasser oder Tee langsam und vorsichtig einträufeln, und zwar seitlich hinter den Nagezähnen. Einem Meerschweinchen, das nicht frißt, müssen Sie evtl. *Nahrung zuführen*, geeignet dafür ist Gemüse-Kinderbrei. Denken Sie aber daran, daß oft schwere Störungen zugrunde liegen, die eine Weiterbehandlung nicht rechtfertigen – Sie können ein Meerschweinchen nicht wochenlang zwangsernähren! Unterbrechen Sie eine einmal angefangene *Behandlung* nicht auf eigene Faust, sondern halten Sie sich an die Angaben des Tierarztes für den Gebrauch und die Dosierung von Medikamenten.

Die Heilung unterstützen

- Vitaminpräparate: Insbesondere Vitamin C unterstützt das Immunsystem und wird auch zur Vorbeugung gegeben (siehe Seite 31).
- Kräuter: Pfefferminze, Salbei etc. tun auch Meerschweinchen gut, z. B. in Form von Tees. Es gibt sogar spezielle Kräutertropfen für Nager.
- Bachblüten werden immer öfter auch am Tier angewandt, hier vor allem die sogenannten Rescue drops.
- Rotlicht hilft Ihrem Patienten v. a. nach einer Operation oder während einer Infektionskrankheit. Nicht den ganzen Käfig ausstrahlen und auf genügend Abstand achten.

Vor und nach einer *Operation* (z.B. Kastration, siehe Seite 12) sollte Ihr Meerschweinchen etwa 12 Stunden lang fasten (Wasser ist erlaubt). Geben Sie ihm außerdem vorher für ein paar Tage genügend Vitamin C, damit es die Narkose besser verträgt. Nach einer Operation kann es nötig sein, daß Sie es ein bis zwei Tage lang auf einer dicken Schicht Zeitung oder Zellstoff mit Stroh darüber halten müssen, damit keine Holzspäne in die Wunde gelangen.

Das alte Meerschweinchen

Wenn ein Schweinchen älter wird, bewegt es sich nicht mehr so gerne und braucht längere Ruhepausen. Sie helfen ihm, indem Sie z. B. Futterraufe und Trinkautomat niedriger hängen und Hindernisse „entschärfen". Eine gute Vitaminversorgung ist wichtig, und vermeiden Sie so gut wie möglich Streßsituationen. Alter und Tod gehören zum Leben, das müssen Sie auch Ihren Kindern verständlich erklären, vielleicht tröstet es ein wenig zu wissen, daß Meerschweinchen meist friedlich einschlafen. Wenn allerdings eine schmerzhafte, unheilbare Krankheit vorliegt, sollten Sie den Gang zum Tierarzt nicht scheuen und das Tier einschläfern lassen – die medizinische Entscheidung trägt der Tierarzt, die letztendliche aber Sie.

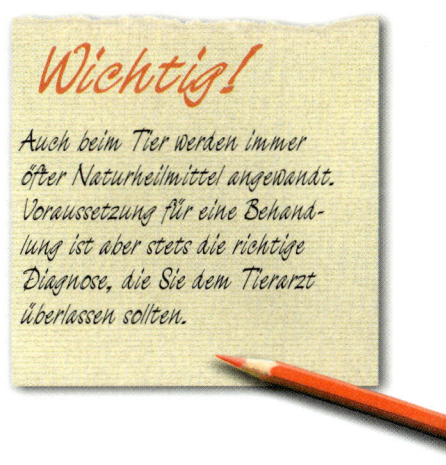

Wichtig!

Auch beim Tier werden immer öfter Naturheilmittel angewandt. Voraussetzung für eine Behandlung ist aber stets die richtige Diagnose, die Sie dem Tierarzt überlassen sollten.

Das Alter lassen sich Meerschweinchen meist nicht anmerken – nur manchmal wird das Fell dünner und stumpf, und vielleicht strecken sie sich nicht mehr so hoch nach dem Futter.

MEERSCHWEINCHEN VERSTEHEN LERNEN

Unsere Hausmeerschweinchen haben von ihren wilden Verwandten viele Verhaltensweisen geerbt, die interessante Beobachtungen ermöglichen, aber auch bestimmend sind für die Haltung und den Umgang mit den geselligen Tieren.

Verhalten

Gut ausgeprägte Sinnesorgane und vielfältige Ausdrucksmöglichkeiten geben den Meerschweinchen die Fähigkeit, als Fluchttier Gefahren schnell zu erkennen und im Schutz des Rudels friedlich miteinander zu leben.

Sinnesleistungen

Augen: Wildmeerschweinchen müssen jederzeit in der Lage sein, natürliche Feinde rasch auszumachen. Dazu gehört ein weites Gesichtsfeld, das es ihnen ermöglicht, ohne Kopfbewegung nach vorn und zur Seite zu sehen. Allerdings ist dadurch

Tasthaare sagen den Meerschweinchen, ob sie durch ein Hindernis passen.

Wenn Ihr Meerschweinchen mit erhobenem Kopf „die Nase in die Luft streckt", hat es wahrscheinlich etwas Gutes gewittert.

die Tiefenschärfe eingeschränkt, so daß die sonst sehr gut sehenden Nager schlecht Entfernungen schätzen können. An Farben unterscheiden Meerschweinchen Rot, Grün, Gelb und Blau.

Tasthaare: Seitlich von Mund und Nase und neben den Augen besitzen Meerschweinchen Tasthaare, die ihnen helfen, sich im Dunkeln zu bewegen, ohne anzustoßen.

Gehör: Während der Mensch Töne bis 20 000 bzw. (als Erwachsener) 15 000 Hertz hören kann, vernimmt ein Meerschweinchen bis zu 33 000 Hertz, da die Schnecke im Innenohr vier statt wie beim Menschen zwei Windungen aufweist. Ihr Hausgenosse erkennt Sie bald am Schritt, und beim Öffnen der Kühlschranktür wird er meist quiekend auf seinem Recht auf Futter bestehen.

Geruchssinn: Meerschweinchen können tausendmal besser riechen als Menschen. Der sehr gut ausgeprägte Geruchssinn ist für das Leben im Rudel wichtig. Die Kontaktaufnahme unter Artgenossen beginnt mit der Nase, und zusammengehörige Gruppenmitglieder erkennen sich am Geruch. Für das Sexualverhalten und die Abgrenzung des Territoriums durch Markieren ist ebenfalls der Geruchssinn bedeutsam.

„Wenn Du mal ‚volle Bude' hast und es geht laut her, dann stell' meinen Käfig solange lieber woanders hin – Krach und laute Musik tun mir nämlich in den Ohren weh."

Wichtiges und Tips zu Sinnesleistungen

Sehr gut entwickeltes Gehör	Lärm, Krach kann Panik auslösen, laute, vor allem hochfrequente Töne sind unangenehm.	Käfig nicht vor Lautsprecherboxen oder zum Fernseher stellen, Lärm vermeiden!
Ausgeprägter Geruchssinn	Fremde Gerüche bereiten oft Unbehagen bis zum Reizschnupfen oder -husten.	Keine Putzmittel in Käfignähe, Käfig nicht in die Küche stellen, auch Kosmetika (z. B. Parfüm) sind den Tieren manchmal unangenehm. Nicht rauchen!
Individueller Geschmack	Jedes Tier hat seine eigenen Vorlieben. Saures wird meist abgelehnt.	Finden Sie heraus, was Ihre Schweinchen mögen, indem Sie anfangs nach und nach von allen angegebenen Obst- und Gemüsesorten ein Stückchen anbieten.
Tasthaare	Wichtig für die Orientierung.	Nie zupfen oder abschneiden.

Geschmack: Jedes Meerschweinchen ist eine Persönlichkeit mit einem eigenen Geschmack – das merken Sie spätestens dann, wenn die Banane, die der eine so gerne frißt, vom anderen verschmäht wird. Leider scheint die Fähigkeit, giftige Pflanzen von freßbaren zu unterscheiden, im Lauf der Domestikation gelitten zu haben, da Meerschweinchen auch unbekömmliches aufnehmen.

Begrüßung unter Schweinchen.

Verhaltensweisen

Die flinken und wendigen Meerschweinchen sind ausgesprochene *Fluchttiere*, die keine Angriffsstrategie besitzen. Zwischen ihren Ruhe- und Futterplätzen legen sie ein verzweigtes *Wegenetz* an, in dem sie sich bestens auskennen und somit bei Gefahr die schützende Höhle schnell erreichen. Beim Weiden hält ein Tier Wache und stößt beim Anblick eines Feindes einen Warnruf aus, der sofortige Flucht zur Folge hat. Wenn das Versteck nicht mehr erreichbar scheint, fallen die wehrlosen Tiere in eine sogenannte *Schreckstarre*, das heißt sie ducken sich und bleiben bewegungslos sitzen, wodurch sie einem Feind verborgen bleiben. Nur wenn keine Flucht möglich ist und sie sich bedroht fühlen, können die friedliebenden Nager ein *Abwehrverhalten* zeigen (Angstquieken, Zähneklappern), dem notfalls ein Verzweiflungsbiß folgt.

Das *Sozialverhalten* ist beim Meerschweinchen sehr stark ausgeprägt, denn im Rudel ist es sicherer als allein. Ständiger Lautkontakt und körperliche Nähe der Artgenossen sind ihm wichtig, und wenn Meerschweinchen auf ihren Trampelpfaden laufen, gehen sie normalerweise im Gänsemarsch, mit den Jungen in der Mitte.

Im Rudel, das aus einem Männchen und mehreren Weibchen besteht, herrscht eine genaue *Rangordnung*, wobei bei den Weibchen ein Leittier das Sagen hat. Während unter ihnen kaum Zwistigkeiten auftreten, kämpfen 2 Männchen um die Vorherrschaft. Zunächst *imponieren* sie einander mit erhobenem Kopf, gestreckten Beinen, gesträubtem Fell, Zähnezeigen und -klappern, und wenn keiner nachgibt, kann es eine ernsthafte Beißerei geben. Der Unterlegene wird vom Rudel ausgeschlossen. Junge Männchen bilden, wenn sie größer werden, am Rand der Sippe eine eigene Gruppe und später ihr eigenes Rudel. Ihr Territorium grenzen Meerschweinchen mittels Pheromonen aus der Duftdrüse und Urin ab.

Familienleben – im Rudel fühlen sich groß und klein sicher.

Tip!

Das Anlegen eines Wegenetzes können Sie auch beim Auslauf beobachten, wenn die Meerschweinchen von ihrer Höhle aus (z. B. ein Karton, den Sie ihnen als Versteck anbieten) in verschiedene Richtungen und wieder zurück gehen. Legen Sie zwischendurch Leckerbissen auf die „Pfade", damit sich die Tiere schneller eingewöhnen.

Gemeinsam macht alles viel mehr Spaß!

Beim *Paarungsverhalten* wirbt der Bock intensiv um seine Auserwählte. Er stelzt mit wiegendem Schritt um sie herum und gibt knurrende, knatternde Laute von sich. Kommt er ihr zu nahe, solange sie noch nicht bereit ist, zeigt sie ihm wortwörtlich die Zähne. Ist das Weibchen brünstig, was das ganze Jahr über alle 2–3 Wochen der Fall ist, kommt es zur Paarung. Die *Jungen* trinken nicht nur bei ihrer Mutter, sondern auch bei anderen säugenden Weibchen, und leben im Schutz des Rudels ihren Spiel- und Bewegungsdrang aus. Wenn sie beim Herumtollen einmal verlorengehen, stoßen sie einen Quieklaut aus, auf den hin das Weibchen sie sofort wieder unter ihre Fittiche nimmt.

Wichtiges und Tips zum Verhalten

Ausgesprochenes Fluchttier	Beutegreifereffekt: Jede Bewegung von oben könnte ein Greifvogelangriff sein. „Schreckhaftigkeit" heißt in diesem Fall Überleben. Flucht in ein sicheres Versteck.	Käfig nicht auf den Boden stellen. Keine schnellen, hektischen Bewegungen, nicht unvermutet von oben greifen, vor Berühren ansprechen. Höhlenersatz (z. B. Häuschen) im Käfig und beim Auslauf.
Ständige Wachsamkeit	Auch beim Ruhen wird jede Bewegung wahrgenommen.	Nicht ständig herumtragen, beim Fressen und Schlafen nicht stören.
Starker Bewegungsdrang	Als Weidetiere immer in Bewegung, machen Luftsprünge und veranstalten Rennspiele.	Täglicher Auslauf.
Ausgeprägtes Sozialverhalten	Gefühl der Sicherheit im Rudel, ständiger Kontakt.	„Mehr Schweinchen" – keine Einzelhaltung, Kontakt auch zum Besitzer. Keine isolierte Haltung z. B. im Keller.
Rangkämpfe unter Männchen	Ausgewachsene Männchen kämpfen um Rangordnung und Weibchen. Der unterlegene wird vom Schlaf- und Futterplatz vertrieben und kann im Käfig nicht ausweichen.	Bei Haltung von 2 Männchen evtl. Kastration (siehe Seite 12). Im Rudel unterlegenes Männchen trennen. Junge Männchen mit spätestens 8 Wochen vom Rudel trennen.

Meerschweinchen-Sprache

Zur Sprache eines jeden Tieres gehört, wie auch beim Menschen, die Körpersprache. Beim Meerschweinchen sind das z. B. der Nasenkontakt bei der Begrüßung und bestimmte Bewegungen beim Werbe- und Imponierverhalten (siehe Seite 51). Ein vorgestreckter Kopf signalisiert Aufmerksamkeit, ein gesenkter Kopf und Ducken Unterlegenheit oder Angst. Im übrigen haben die sozialen Tiere ein breit gefächertes Repertoire an Lauten, das bis heute noch nicht ganz „übersetzt" werden konnte. Die wichtigsten sind folgende, wobei auch Zwischenlaute vorkommen:

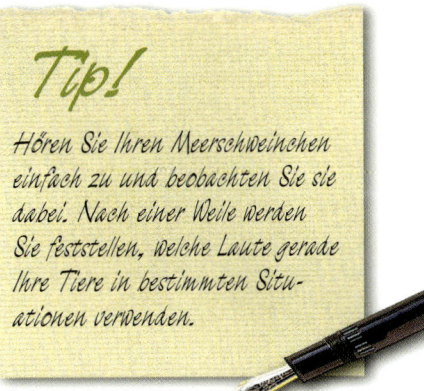

Tip!

Hören Sie Ihren Meerschweinchen einfach zu und beobachten Sie sie dabei. Nach einer Weile werden Sie feststellen, welche Laute gerade Ihre Tiere in bestimmten Situationen verwenden.

- Lautes, forderndes Quieken oder Pfeifen: Ein Laut, der dem Menschen vorbehalten ist und mit dem Ihre Meerschweinchen um Futter betteln. Klingt das Quieken schrill, bedeutet es Angst oder Schmerz.
- Jungtiere, die sich verlaufen haben, stoßen ein klägliches Quieksen oder Fiepen aus.
- Glucksen und Murmeln, auch leises Quieken, sind Zufriedenheitslaute.
- Gurren dient der Beruhigung (z. B. wenn Ihre Meerschweinchen unbekannte Geräusche hören; v. a. auf hell klingende Töne antworten manche mit einem „Gurr").
- Hohes Quieken ist ein Warnlaut.
- Bei der Begrüßung ist Grunzen oder Gurren zu hören.
- Beim Auslauf halten viele Meerschweinchen mit Quieklauten und leisem Zirpen Kontakt.
- Brummen und Knattern sind Werbungslaute des Männchens.
- Aufgeregte Tiere stoßen oft ein Knurren aus. Lautes Knurren bei gesenktem Kopf signalisiert Unterlegenheit. Wenn Zähneklappern dazukommt, ist Vorsicht geboten, da das Tier sich in die Enge gedrängt fühlt und evtl. doch einmal aus Angst zubeißt. Knurren und Zähneklappern gehören auch zum Imponiergehabe.

Kontakthalten ist wichtig, im Gänsemarsch wird ein neues Gelände erkundet.

Richtiger Umgang mit Meerschweinchen

Vom ersten Eingewöhnen über die Handzähmung bis zum Spiel – Meerschweinchen sind keineswegs dumm, faul und langweilig!

Handzahm machen

Wenn sich Ihre Meerschweinchen an die neue Umgebung gewöhnt haben (siehe Seite 16), können Sie daran gehen, sie an die Hand zu gewöhnen.

Sprechen Sie sie ruhig an und reichen Sie ihnen einen Leckerbissen in der Hand. Anfangs werden die scheuen Tierchen nur schnuppern und vielleicht den Apfel oder den Löwenzahn aus Ihrer Hand nehmen, um gleich damit im Haus zu verschwinden. Nach und nach trauen sie sich mehr, bei Ihrer Hand zu bleiben, und schrecken auch beim Kraulen nicht mehr zurück. Nehmen Sie sie dann aus dem Käfig auf den Schoß und bleiben Sie zunächst „passiv".

Lassen Sie den Meerschweinchen Zeit, sich an Ihren Geruch und Ihre Stimme zu gewöhnen. Nach einer Weile werden sie sich ungezwungener auf Ihnen bewegen, dann können Sie anfangen, sie sanft zu kraulen und zu streicheln. Manche Meerschweinchen brauchen lange, bis sie Ihnen völlig vertrauen, aber Sie werden immer wieder neue Fortschritte verzeichnen können. Schließlich wird es auch bei Ihren Tierchen soweit sein, daß sie sich wohlig ausstrecken und mit Glucksen und Murmeln ihre Zufriedenheit kundgeben.

... können Sie allmählich anfangen, ihn sanft zu streicheln!

An andere Tiere gewöhnen

Wenn Sie ein Meerschweinchen mit einem *Artgenossen* zusammenbringen wollen, stellen Sie vorerst 2 Käfige nebeneinander, so daß die Tiere Sicht- und Geruchskontakt haben. Nehmen Sie beide auf den Schoß und lassen sie sich beschnuppern. Falls sie keine Aggressionen zeigen, können Sie die Meerschweinchen zusammensetzen. Eventuell vorher mit parfümierten Händen streicheln, das unterdrückt für kurze Zeit den Eigengeruch.

Falls Sie einen *Hund* oder eine *Katze* besitzen, denken Sie daran, daß Meerschweinchen bei einer Jagd den kürzeren ziehen würden! Jungtiere verschiedener Arten verstehen sich meist gut, wenn sie zusammen aufwachsen. Ist Ihr Hund oder Ihre Katze schon länger bei Ihnen, geben Sie sich mindestens so viel mit ihnen ab wie zuvor, damit keine Eifersucht entsteht. Benützen Sie auch hier Ihre Hände als Geruchsüberträger: Streicheln Sie einerseits den Hund oder die Katze, andererseits die Meerschweinchen und halten dem jeweils anderen die Hand vor.

Wenn Sie den Hund zum Käfig führen, achten Sie darauf, jedes Verbellen durch Kommando abzustellen, und loben Sie ihn, wenn er sich ruhig verhält. Führen Sie diese Gewöhnung Schritt für Schritt weiter, zunächst mit den Meerschweinchen auf dem Schoß, bis zum Freilauf. Immer unter Aufsicht!

Jedem sein eigenes Häuschen: So können sich beide zurückziehen, bis sie aneinander gewöhnt sind.

Tip!

Kaninchen und Meerschweinchen gewöhnen Sie im Prinzip genauso aneinander wie zwei Meerschweinchen. Zwei Häuschen zur Verfügung stellen, und zwar auch dann noch, wenn die Tiere einander kennen.

Freund und Beschützer in einem – trotzdem nie alleine lassen!

Mit einer Katze gehen Sie im Prinzip genauso vor (schimpfen, wenn sie mit der Pfote in den Käfig langt, loben, wenn sie die Nager nicht beachtet), aber erinnern Sie sich: Der Jagdtrieb ist bei Katzen viel größer! Freilauf nur zusammen, wenn Sie absolut sicher sind, daß Ihre Katze nicht hinterherjagt, und niemals ohne Aufsicht.

Was Kinder wissen sollten

Viele Kinder wünschen sich ein kuscheliges Meerschweinchen als Haustier. Mit Streicheln allein allerdings ist es nicht getan (siehe Seite 9). Verantwortung, Geduld, Verständnis für die Bedürfnisse und Gewohnheiten eines Lebewesens können im Umgang mit den geselligen Nagern gelernt werden. Das bedeutet auch, Geduld zu haben, den Meerschweinchen zuzugestehen, daß sie ein Recht auf ungestörte Zeiten haben, und nicht zuletzt regelmäßige Pflege.

Dafür machen die zutraulichen Tiere bei vielem mit, und Kinder können sich manchmal stundenlang damit beschäftigen, Labyrinthe aufzubauen, in denen die Nager dann munter herumlaufen (siehe S. 59). Auf dem Schoß sitzen und gestreichelt werden ist für viele Meerschweinchen ein Genuß (auch hier gibt es die berühmte Ausnahme von der Regel: manche mögen es überhaupt nicht, herumgetragen und geknuddelt zu werden!), und die Verhaltensweisen, die sie bei richtiger Haltung an den Tag legen, geben interessante Beobachtungen ab.

Ein klassisches Paar, das sich auch das Futter teilt.

Zwei, die sich mögen.

Meerschweinchen erziehen?

Leute, die Meerschweinchen mit Attributen wie „dumm" und „nicht lernfähig" versehen, sollten einmal zusehen, wie diese pfiffigen Tiere auf Entdeckungsreise gehen. Sicher, mit menschlichen Augen gesehen, sind sie vielleicht nicht als hochintelligent zu bezeichnen, aber wer hat gesagt, daß der Mensch der Maßstab dafür ist? Ein Pflanzenfresser braucht schließlich nicht viel Scharfsinn, um einem Grashalm aufzulauern. Dafür haben die Nager ihrem Leben angepaßt ein weitreichendes Vokabular, gut entwickelte Sinne, ein ausgeprägtes Sozialverhalten und eine gesunde Neugier.

Erziehen, wie z. B. ein Hund, lassen sich Meerschweinchen nicht – sie werden weder einen Ball apportieren, noch bei Fuß gehen. Welche Spiele sich für sie anbieten, finden Sie im nächsten Abschnitt. Untugenden haben auch manche Nager, und wie der Name schon sagt, ist eine davon das Nagen, das Sie ihm auch kaum abgewöhnen können. Knabbert Ihr Meerschweinchen an der

„Auf den nächsten Seiten erfährst Du, welche Spiele mir Spaß machen. Ich verabschiede mich jetzt von Dir, ‚Gurrr'!"

Tapete, können Sie es höchstens mit Händeklatschen von der Stelle vertreiben, eventuell lernt es nach einer Weile, daß es dort nichts zu suchen hat. Wenn es am Käfiggitter nagt, kann das heißen, daß es zuwenig Beschäftigung, Auslauf, Nagemöglichkeit oder einfach Hunger hat – die Ursache ist hier leicht zu beheben (Stubenreinheit siehe Seite 22).

Schweinchen-Spiele

Ein einzeln gehaltenes Meerschweinchen, das überdies noch ohne Auslauf und ohne jeden Anreiz zur Beschäftigung im Käfig sitzt, wird nicht viele Verhaltensweisen an den Tag legen. Anders sieht es aus, wenn Sie sich mit Ihrem Tier beschäftigen und ihm genug Abwechslung bieten. Meerschweinchen können lernen, auf einen Ton, Pfiff oder Ruf zu reagieren, wenn sie danach mit einem Leckerbissen belohnt werden. Durch dieses Lernen nach Ursache und Wirkung können Sie Ihren Tieren z. B. beibringen, *auf Ruf herzukommen.*

Oder Sie schlagen z. B. auf einem Xylophon jedesmal dieselbe Tonfolge an, wenn Sie einen Leckerbissen reichen. Die Meerschweinchen merken sich das und kommen bald allein auf die Melodie zu Ihnen. Sogar *Männchen machen* manche für das begehrte Salatblatt.

Anreiz zu Bewegung und Futtersuche *im Käfig* geben eine 2. Ebene, Holzstücke, Steine usw., wie sie schon vorher erwähnt wurden (siehe Seite 21). *Beim Auslauf* wird es erst richtig interessant, wenn Sie verschiedene Hindernisse und versteckte Leckerbissen einbauen.

Abenteuerspielplatz: Holzbretter, Wurzeln, durchlöcherte Kartons, Ton- oder Pappröhren, Blumentöpfe und und und lassen sich als Hürde, Durchschlupf, Versteck oder Ausguck nutzen. Ihrer Phantasie sind kaum Grenzen

Männchen machen ist gar nicht so einfach!

Wichtig!

Als allererstes muß Ihr Meerschweinchen Vertrauen zu Ihnen fassen, bevor Sie größere Aufgaben angehen. Überfordern Sie Ihr Tier nicht und geben Sie nicht zuviele Leckereien.

Wenn das nicht Spaß macht!

gesetzt, außer diesen: keine gefährlichen Materialien (giftige Lacke, scharfe Kanten usw.) verwenden, keine wackeligen Konstruktionen bauen und keine großen Kletterkunststücke verlangen. Die beliebten Wägelchen zum Herumschieben und -fahren sind eher gefährlich – zu leicht bringen Meerschweinchen ein Bein in die Räder. Verändern Sie die Landschaft immer wieder einmal und beobachten Sie, wie die Tiere jedesmal neu auf Entdeckung gehen (siehe Foto Seite 8).

Ein *Labyrinth* aus Legosteinen, Bauklötzen, Hölzern, stabilen Kartons und mit versteckten Leckerbissen, das immer wieder anders angelegt wird, regt zur Futtersu-

Beginn eines Abenteuerplatzes: Jetzt noch ein paar Kartons und Röhren dazu, dann ist der Tummelplatz perfekt.

Wenn die Gurke lockt, steigen Meerschweinchen auch auf die Leiter.

che an. Mit zwei Meerschweinchen können Sie darin sogar Wettrennen veranstalten. Es muß aber immer stabil sein. Wenn Sie ein Hindernis einbauen, denken Sie daran, daß Meerschweinchen keine Spring- und Kletter-, sondern Lauftiere sind, auch wenn sie durchaus einmal über eine niedrige Hürde hinwegspringen.

Im Garten könnten Sie sogar ein „Erdlabyrinth" anlegen: natürlich keine steilen Schächte, sondern flache, kurze Gänge. Wichtig ist, daß keine Blumenzwiebeln, z. B. Krokus, im Boden stecken, keine giftigen Pflanzen in der Nähe sind, die Schweinchen immer unter Aufsicht stehen und nicht davonlaufen können.

Das beste Spielzeug, das die Beziehung vertieft und zudem sicher ist, nicht vergessen: Sie selbst!

Wenn Sie daran denken, daß Meerschweinchen ihre eigene Art haben, die sie von anderen Haustieren unterscheidet, und Ihre Erwartungen danach ausrichten, werden die Nager Ihnen ihre Zutraulichkeit und die ganze breite Palette ihres Verhaltens zeigen, und schon nach kurzer Zeit werden Sie das fröhliche Gequieke nicht mehr missen wollen.

Forum für Meerschweinchen

Literatur

Ilse Hamel: Das Meerschweinchen – Heimtier und Patient, VEB Gustav Fischer Verlag, Jena 1990.

K. Gabrisch/P. Zwart: Krankheiten der Heimtiere, Schlütersche Verlagsanstalt, Hannover 1997.

Ilse Pelz: Mehr über Meerschweinchen: Rassen, Haltung, Vererbung, Oertel und Spörer, Reutlingen 1995.

Christopher Day: Homöopathischer Ratgeber Heimtiere, BLV Verlagsgesellschaft, München 1992.

Katrin Behrend: Mein Heimtier: Das Meerschweinchen, Gräfe und Unzer Verlag, München 1996.

Peter Beck: Gesellige Meerschweinchen, Franckh-Kosmos, Stuttgart 1996.

Michael Mettler: Meerschweinchen, Auswahl, Pflege, Ernährung, Falken Verlag, Niedernhausen/Ts. 1997.

Meerschweinchenfreunde Deutschland e.V. (Hrsg.): Die wichtigsten Fragen über Meerschweinchen, Offenbach.

Adressen

Weitere Informationen erhalten Sie über:

- Meerschweinchenfreunde Deutschland (MFD), Bundesverband e.V., Postfach 101129, D-63011 Offenbach; Herausgeber der Zeitschrift „Meerschweinchen-News".
- Vereinigung der Schweizer Meerschweinchenfreunde, Isbell Strebel, Ziegelscheune 496, CH-4245 Klein-Lützel.
- Meerschweinchenfreunde in Österreich e.V. (MFiÖ), Ursula Marx, Schulstr. 69/8, A-2103 Langenzersdorf.
- Deutscher Tierschutzbund e.V., Baumschulallee 15, 53115 Bonn (hier erhalten Sie die Adresse eines Tierheims in Ihrer Nähe).

Die Fotografin und der Verlag danken Sabine Fehling, Dillenburg-Donsbach, Andreas und Irene Schmehl, Herborn-Burg sowie Martina San Juan, Wölfersheim, da Sie freundlicherweise Ihre Tiere als „Modelle" zur Verfügung gestellt haben.

Impressum

Die Deutsche Bibliothek – CIP-Einheitsaufnahme

Meerschweinchen: Erprobter Menü- und Pflegeplan; Haus zum Selberbauen; Lernspiel zum Herausnehmen / Beate Ralston. (Ill.: Manfred Lindner). – Augsburg : Naturbuch-Verl., 1998
ISBN 3-89440-319-5

Naturbuch Verlag
© 1998 Weltbild Verlag GmbH, Augsburg
Alle Rechte vorbehalten
Fotos: Christine Steimer, Wölfersheim, außer: S. 5, Juniors
Illustrationen: Manfred Lindner
Lektorat: Sibylle Kolb, Naturbuch Verlag
Layout und Satz: Uhl & Massopust, Aalen, nach einem Entwurf von Cosmas Fette, Offendorf, gesetzt aus der Stone Informal 9/13 Punkt
Reproduktion: Uhl & Massopust, Aalen
Umschlaggestaltung: Zentralbüro für Gestaltung, Augsburg
Druck und Bindung: Offizin Andersen Nexö, Leipzig
Gedruckt auf umweltfreundlich chlorfrei gebleichtem Papier
Printed in Germany

ISBN 3-89440-319-5

Register

Meerschweinchenspiel

Taktisches Würfel- und Lern-Spiel
für 2–4 Spieler ab 7 Jahren
Spielidee: Ingo Faustmann, Ravensburg
Fragen und Antworten: Beate Ralston

SPIELZIEL ... ist es, bei Spielende die meisten Punkte zu haben!

SPIELVORBEREITUNG Zunächst trennt Ihr den Spielplan vorsichtig aus dem Buch heraus. Nun braucht Ihr noch Spielmaterial, das Ihr aus einem anderen Spiel herausnehmen könnt: einen Würfel mit den Zahlen von 1 bis 6, eine Spielfigur für jeden Mitspieler, 12 Chips (oder Münzen), ein Blatt Papier und einen Stift.

Neben den *Lauffeldern,* auf denen Ihr Eure Spielfigur bewegt, gibt es 15 *große Meerschweinchenfelder* mit bunten Abbildungen. Davon sind *12 Fragefelder* (auf denen Ihr Euer Wissen testen könnt) und *3 Chancenfelder*, auf denen Ihr mit Glück zusätzlich Punkte machen könnt. Legt auf die 12 Fragefelder jeweils einen Chip – am besten so, daß der Text nicht abgedeckt wird.

JETZT GEHT'S LOS! Jeder sucht sich eine Spielfigur aus und stellt sie auf das farbgleiche Startfeld. Wählt einen Startspieler aus und gebt diesem Spieler den Würfel. Danach geht es dann immer im Uhrzeigersinn weiter. Der Startspieler notiert zusätzlich Eure Punkte und bekommt deshalb Papier und Stift. Wer an der Reihe ist, würfelt und bewegt dann seine Spielfigur genau um die gewürfelte Augenzahl weiter. Man kann in jede beliebige Richtung gehen. Jedes Feld zählt einen Würfelpunkt. Endet Euer Spielzug auf einem Feld, wo ein Mitspieler steht, habt Ihr Pech. In diesem Fall müßt Ihr in eine andere als die gewünschte Richtung ziehen.

DIE 15 MEERSCHWEINCHENFELDER
Wer seinen Zug auf einem ➡-Feld beendet, kann jetzt vielleicht einen Punkt machen. Der Pfeil zeigt dabei auf das Meerschweinchenfeld, um das es jetzt geht. Ist es ein *Fragefeld,* dann liest Dein linker Nachbar jetzt die Frage vor und Du mußt die richtige Antwort geben. Diese ist unter der Nummer des Feldes auf der folgenden Seite abgedruckt. Stimmt die Antwort, wird Dir ein Punkt gutgeschrieben und der Chip abgeräumt, ansonsten hast Du Pech und beendest den Zug ohne Punktgewinn. Das Spiel endet, wenn der letzte der 12 Chips abgeräumt ist und damit alle Fragen einmal gestellt und beantwortet wurden. Ist es ein *Chancenfeld,* so kannst Du Glück haben, einen Punkt einfach so zu bekommen: Wenn Du jetzt eine der Zahlen würfelst, die auf dem Feld abgedruckt sind, dann erhältst Du einen Punkt, ohne daß Du etwas dafür tun mußt.

WICHTIG Auf den Chancenfeldern kann jeder, wenn er darauf kommt, immer wieder sein Glück versuchen. Der Startspieler, der für Euch die Punkte aufschreibt, muß aber wegen der Endabrechnung darauf achten, daß er für jeden Mitspieler die Punkte aus den Fragefeldern und aus den Chancenfeldern extra notiert!

DIE ABRECHNUNG Jetzt wird's spannend:
• Jeder Punkt aufgrund einer richtig beantworteten Frage eines Fragefeldes zählt ganz normal.
• Jeder Punkt aufgrund eines richtigen Tips auf einem Chancenfeld zählt auch als ein Punkt – mit der einzigen Ausnahme, daß man auf diese Weise *nicht mehr Punkte* zusätzlich machen kann als mit richtig beantworteten Fragen.
Ein Beispiel: Evi hat bei Spielende 3 Punkte aus den Fragefeldern und 4 Punkte aus den Chancenfeldern. Das ergibt, daß man bei Spielende nicht mehr Punkte für die Chancen dazuzählen darf als man Fragen richtig beantwortet hat: 3 Punkte (Fragefelder) + 3 Punkte (Chancenfelder – ein Punkt verfällt) = 6 Punkte insgesamt.

SIEGER IST, WER DIE MEISTEN PUNKTE HAT. VIEL SPASS!

Antworten zum Meerschweinchenspiel

1. Meerschweinchen-Kauf Meerschweinchen kannst Du aus dem *Tierheim* oder aus *privater Hand* bekommen, außerdem aus *Zoofachgeschäften* und vom *Züchter*.

2. Ausstattung Einen großen *Käfig, Häuschen, Heuraufe, Futternapf, Nippeltränke* und *Leckstein; Einstreu, Heu, Fertig-* und *Saftfutter, Zweige* zum Nagen.

3. Haltung Meerschweinchen sollten zu *mehreren* gehalten werden, da sie sehr *soziale Tiere* sind, die ihre Artgenossen brauchen, um sich wohlzufühlen. Der Mensch kann auch bei viel Zeitaufwand den Artgenossen nicht ersetzen.

4. Familienzuwachs Meerschweinchen vertragen sich eigentlich mit allen Tieren – mit *Hund und Katze* sollten sie *nie ohne Aufsicht* zusammensein, da diese sie *jagen* könnten. *Kaninchen* sind *sehr gute Partner* für ein Meerschweinchen (langsam aneinander gewöhnen), *Vögel* sind den Schweinchen *oft zu laut*.

5. Nahrung *Rauhfutter* (Heu), *Grünfutter* (Gräser und Kräuter), *Saftfutter* (Obst und Gemüse), *Fertigfutter*. Meerschweinchen können Vitamin C *nicht selbst in ihrem Körper herstellen*, v. a. im Winter sollte das Trinkwasser daher zusätzlich damit angereichert werden.

6. Hygiene Täglich *Toilettenecke säubern*,

Futternapf und *Tränke ausspülen* und *Grünfutterreste entfernen*.

7. Beschäftigung *Im Käfig* eine *zweite Ebene* einbauen und *Holzstücke, Steine* und *Zweige* zum Nagen anbieten. Genügend *Auslauf* anbieten mit Hindernissen aus Holzbrettern, Wurzeln, durchlöcherten Kartons, Pappröhren, Blumentöpfen usw. und versteckten Leckerbissen („*Abenteuerspielplatz*"). Ein *Labyrinth* bauen. Meerschweinchen auf sich *herumturnen* lassen und kleine Kunststücke wie *Männchen* machen oder auf Ruf herkommen einüben.

8. Verhalten Das Meerschweinchen fühlt sich bedrängt und hat *Angst*, es könnte aus Furcht sogar zubeißen. Zähneklappern gehört außerdem zum Imponiergehabe der Männchen.

9. Sinnesleistungen Sowohl das Gehör (Mensch: bis 20 000 Hertz, Meerschweinchen: bis 33 000) als auch der Geruchssinn sind beim Meerschweinchen viel *stärker ausgeprägt* als beim Menschen.

10. Alter Das Durchschnittsalter liegt bei *fünf bis acht Jahren*, manche Meerschweinchen werden nur drei, vier, andere sogar zehn Jahre alt.

11. Bewegung Meerschweinchen sind *Lauftiere*, auch wenn manche gute Kletterer sind und auch mal über ein Hindernis springen.

12. Rassen *Glatthaar* (Englisches Meerschweinchen), *Schopfmeerscheinchen, Rosettenmeerschweinchen, Rex, Sheltie* (Peruanisches Seidentier), *Angorameerschweinchen* (Peruaner), *Texel*. Braungescheckte Tiere waren bei den Indios besonders beliebt.